SUPERAR
la
CODEPENDENCIA

La información contenida en este libro se basa en las investigaciones y experiencias personales y profesionales del autor y no debe utilizarse como sustituto de una consulta médica. Cualquier intento de diagnóstico o tratamiento deberá realizarse bajo la dirección de un profesional de la salud. La editorial no aboga por el uso de ningún protocolo de salud en particular, pero cree que la información contenida en este libro debe estar a disposición del público. La editorial y el autor no se hacen responsables de cualquier reacción adversa o consecuencia producidas como resultado de la puesta en práctica de las sugerencias, fórmulas o procedimientos expuestos en este libro. En caso de que el lector tenga alguna pregunta relacionada con la idoneidad de alguno de los procedimientos o tratamientos mencionados, tanto el autor como la editorial recomiendan encarecidamente consultar con un profesional de la salud.

Título original: Codependency Recovery Plan: A 5-Step Guide to Understand, Accept, and Break Free from the Codependent Cycle
Traducido del inglés por Roc Filella Escolá
Diseño de portada: Editorial Sirio, S.A.
Maquetación: Toñi F. Castellón
Fotografía de la autora cortesía de Orcatek Photography

© de la edición original
2019 de Althea Press, Emeryville, California

Publicado inicialmente en inglés por Althea Press, un sello de Callisto Media, Inc.

© de la presente edición
EDITORIAL SIRIO, S.A.
C/ Rosa de los Vientos, 64
Pol. Ind. El Viso
29006-Málaga
España

www.editorialsirio.com
sirio@editorialsirio.com

I.S.B.N.: 978-84-19105-64-6
Depósito Legal: MA-324-2023

Impreso en Imagraf Impresores, S. A.
c/ Nabucco, 14 D - Pol. Alameda
29006 - Málaga

Impreso en España
Puedes seguirnos en Facebook, Twitter, YouTube e Instagram.

 El papel utilizado para la impresión de este libro está **libre de cloro** elemental (ECF) y su procedencia está certificada por una entidad independiente, no gubernamental, que promueve la sostenibilidad de los bosques.

KRYSTAL **MAZZOLA**

SUPERAR
la
CODEPENDENCIA

5 PASOS PARA ENTENDER, ACEPTAR Y LIBERARSE DE
LA ESPIRAL DE LA CODEPENDENCIA

EDITORIAL
SIRIO

A mi madre: no hay palabras que puedan expresar lo afortunada que me siento por que nuestra relación sea más fuerte y saludable de lo que jamás pude imaginar. Muchas gracias por ocuparte de tu propia sanación –para que yo pudiera hacer lo mismo– y gracias por tu apoyo inquebrantable a mi propósito de hacer realidad mis sueños.

Índice

Introducción

Llegar al momento de mi vida en que estaba preparada para escribir un libro sobre la codependencia fue la culminación de años dedicados a aprender, ayudar a los demás a recuperarse y alcanzar yo misma la interdependencia. Mi familia ha batallado contra la codependencia durante generaciones (mucho antes de que, como sociedad, dispusiéramos del lenguaje para describir lo que pasaba). Yo crecí en un hogar donde abundaban el alcohol y los malos tratos. Mi madre, que me tuvo siendo ella aún adolescente, estaba obsesionada por complacer a la suya —una mujer emocionalmente exigente y crítica— además de calmar a mi expadrastro, que era quien traía dinero a casa; por ello no existían en mi hogar límites que me protegieran del abuso y el maltrato. Tanto mi madre como mi abuela demostraban que la crueldad es permisible si quien la comete satisface tus necesidades alimentarias básicas, te cobija y te viste. De niña comentaba a veces que lo que veía me parecía inapropiado, incomprensible o cruel. No pensaba que decir la verdad fuera un acto de valentía ni una locura;

sencillamente sentía necesidad de hablar. Sin embargo, se me reprochaba mi deseo de «airear los trapos sucios» de la familia. El dolor que me producía que me trataran de chivo expiatorio hizo que al final comprendiera que se esperaba de mí que no dijera ni una palabra para que los demás no se incomodaran.

Percatarme de que mi voz era considerada una carga me llevó a creer que era mala, carente de valor alguno y despreciable. Me costó muchos años reivindicar mi voz y descubrir mi valía interior. Con anterioridad a mi recuperación, el desolador panorama de mi codependencia me indujo a pensar en el suicidio durante muchos años y a atraer a mi vida muchas relaciones nocivas, porque pensaba que no había en mí nada que mereciera la pena. No sé exactamente cómo, pero había dentro de mí una fuerza motriz empeñada en curarme. Sentía que era realmente posible romper los patrones de maltrato y desempoderamiento; solo necesitaba encontrar el camino de salida. Mi recuperación empezó hace más de diez años, cuando comencé a reconectar con mi propio yo mediante la terapia tradicional, los masajes terapéuticos, el *reiki* y el diario personal. Este proceso se afianzó con la práctica de la meditación, cuando empecé a cuidar de mi cuerpo con una buena alimentación y el ejercicio físico, y cuando di prioridad a incorporar a más personas en mi vida.

Ayudar a curar, a mí misma y a otros, pasó a ser la misión de mi vida. Quería ser terapeuta de familia y parejas porque sabía por propia experiencia que nuestras relaciones más estrechas afectan a nuestro sentido de identidad y a la capacidad de ser felices en la vida. Mi experiencia personal me despertaba el interés por comprender de qué forma la codependencia puede influir de modo fundamental en la calidad de vida, la autoconfianza y la capacidad de establecer contacto con los demás, pero fueron mi formación y mi trabajo en The Meadows con Pia Mellody los que cimentaron mi decisión. En mi época de orientadora en el Taller de Supervivientes de The Meadows, dirigido a personas que acudían a tratar traumas infantiles, me di cuenta de que los síntomas de la codependencia –concretamente, no conocerse, no gustarse y no confiar en uno mismo– provocaban un dolor inimaginable y tendencias autodestructivas.

En los primeros años de profesión como terapeuta, pensaba (equivocadamente) que nos curamos al hablar de nuestros problemas, hasta que algo que llevamos dentro se abre paso y, como por arte de magia, estamos recuperados. Sin embargo, después de trabajar con mis primeros clientes, me di cuenta de que ponerle nombre al problema nos ayuda a perfilar un mapa que nos lleve a la curación, un mapa, no obstante, que no puede sustituirnos en el trabajo de sanación. Muchos sabemos exponer muy bien nuestros problemas, pero a menudo esto hace que nos sintamos atrapados e impotentes. Hablar de soluciones y opciones positivas es más efectivo que hablar continuamente de lo que está mal. Meditando sobre todo esto escribí este libro. En los dos primeros capítulos se habla de la historia de la codependencia, sus síntomas y los factores que contribuyen a su desarrollo, y en el resto del libro se detalla el camino para salir de ella.

Es posible que, mientras leas este libro, te sientas enojado[*] por situaciones, dinámicas familiares o referencias culturales de tu vida que te han hecho pensar que debes seguir pasando desapercibido y mudo, un punto en el que tu codependencia puede prosperar. Es muy importante que no reprimas esa ira, pero recuerda que ahora tienes más opciones. Entrar en la recuperación significa reivindicar tu sentido de poder en este mundo, porque eres capaz de verdad de cambiar tu vida, tu relación contigo mismo e incluso muchas de las relaciones con otras personas de tu vida.

Ya sé que los primeros pasos te pueden intimidar, porque te sientes como si fueras andando por un bosque tenebroso. Sin embargo, recorremos este camino juntos, y seré yo quien lleve la linterna que nos alumbre. He descubierto, por mi propia experiencia y por el trato con mis clientes, que estos pasos realmente llevan a la interdependencia. Te agradezco mucho que me hayas aceptado como compañera en este punto de tu camino hacia la curación. Gracias. Creo y confío plenamente en ti.

---

[*] N. del T.: Por razones prácticas, se ha utilizado el género masculino en la traducción del libro (excepto en ejercicios y prácticas, en los que al tratarse de instrucciones directas se han combinado ambos géneros). La prioridad al traducir ha sido que la lectora y el lector reciban la información con la máxima claridad y fluidez.

Primera parte

La codependencia: una educación

Capítulo 1

«Necesito que me necesites»

Rose es enfermera, tiene treinta y ocho años y ha mantenido varias relaciones breves, pero nunca ha sido capaz de encontrar a «su alma gemela» con quien asentarse y por fin formar la familia de sus sueños. Siempre que sale con un hombre, no hace sino pensar en todo lo que ella pueda hacer para hacerle la vida más fácil. Por ejemplo, aunque trabaja en turnos de doce horas, se pasa todo el tiempo libre preparando comida de más para llevársela a su casa, una actividad que le ocupa mucho tiempo; deja incluso de hacer ejercicio físico o de ver a sus amigos para cumplir con su propósito. Le gusta imaginar que su novio llegará a casa después de una larga jornada y podrá alimentarse con lo que ella le ha preparado, sin dejar de pensar en lo afortunado que es por haberla conocido. Cuando el último novio rompió la relación al cabo de seis meses de iniciarla, le dijo a Rose: «Te preocupas demasiado por los demás».

Ella se quedó estupefacta. ¿Cómo era posible que su inagotable provisión de alimentos fuera algo negativo?

¿Qué es la codependencia?

«Entonces, ¿esto es la codependencia?». Mis clientes de la terapia repiten a menudo esta pregunta, lo cual indica lo difícil que es definir la codependencia. Pero este concepto tiene algo que les suena. Para mayor confusión sobre qué significa exactamente *codependencia*, está el hecho de que no se incluye en el *Manual diagnóstico y estadístico de los trastornos mentales*, una herramienta que los profesionales de la salud utilizan para entender el diagnóstico de los trastornos psiquiátricos y sus síntomas. Por consiguiente, no existe una explicación definitiva de la codependencia.

Para empezar, es importante señalar que, pese al debate público abierto sobre el valor del diagnóstico, estoy convencida de que hay que etiquetar los angustiosos síntomas que forman parte de la codependencia. En su libro *El cerebro del niño*, Dan J. Siegel y Tina Payne Bryson hablan de la importancia de que los niños cuenten hechos y sucesos que les angustian para ayudarlos a que los incorporen a la memoria y así les sean menos dolorosos, un proceso que los autores llaman «nómbralo para domarlo». La misma estrategia es efectiva para la codependencia. Si somos capaces de ponerle nombre a un proceso o un ciclo doloroso en los que nos sintamos atrapados, podemos atisbar con mayor claridad el camino de salida.

UNA BREVE HISTORIA

Inicialmente, los síntomas que hoy incluimos en la codependencia fueron identificados en la comunidad de los doce pasos hacia 1939, unos cuatro años después de que se fundara Alcohólicos Anónimos, cuando la gente empezó a reunirse para buscar formas de mejorar su relación con el alcohólico de la familia que quería recuperarse. En 1951, fue fundada oficialmente Al-Anon, como una comunidad de apoyo a amigos, familiares o parejas de alguien que estuviera batallando contra el alcoholismo.

El término *codependiente* apareció por primera vez en 1979 para referirse a la pérdida de control de su propia vida de quien se relaciona con una persona alcohólica. La primera vez que percibí la codependencia fue en este marco original. En aquella época, estaba completamente atrapada en mi relación codependiente con un adicto. Cuando leí sobre la codependencia desde esta perspectiva, inmediatamente pensé: «Así que es verdad: el problema es él». No me di cuenta de que se trataba de mi desesperado intento de evitar y minimizar el papel que yo desempeñaba en aquella dolorosa relación.

En 1986, Melody Beattie presentó al público en general —la gente ajena a las instituciones de tratamiento y cura— este concepto en su libro *Libérate de la codependencia.** En él, la autora define al codependiente como alguien «que permite que la conducta de otra persona le afecte, o

---

* N. del T.: Publicado por Editorial Sirio, 2013.

que está obsesionado en controlar el comportamiento de esa persona». Más adelante, actualizó esta definición. En *The New Codependency* [La nueva codependencia], afirma que el codependiente participa abiertamente de las conductas habituales en una relación, por ejemplo en el cuidado o la atención exagerada a la otra persona. Cuidar de los seres queridos es algo normal, evidentemente. El problema surge cuando la relación se convierte en obsesiva y controladora. Pia Mellody define la codependencia como una inmadurez enfermiza provocada por algún trauma infantil. En este sentido, los síntomas de la codependencia impiden que el individuo viva una madurez funcional porque está atrapado en formas menos desarrolladas de relacionarse con los demás, por ejemplo sin establecer límites o luchando por aceptar la imperfección.

Con los años, la definición de codependencia se ha ampliado considerablemente, y hoy pensamos que se trata de un conjunto de síntomas que existen con independencia de que el codependiente mantenga o no una relación romántica. Sin embargo, mientras no curemos nuestros propios síntomas de codependencia, lo habitual suele ser que nuestras relaciones sean tóxicas. Muchas personas codependientes creen que están aprisionadas en estos dolorosos ciclos de codependencia simplemente porque no han encontrado a «la» pareja ideal, y no se dan cuenta, para empezar, de que tienen sus propias razones para atraer este tipo de relaciones.

Es completamente normal que vivir con la codependencia resulte deprimente. Si piensas en el suicidio o en autolesionarte de algún modo, por favor, busca ayuda. Si estás en plena crisis, llama al teléfono de emergencias o a cualquiera de los que existen para ayudarte en estas circunstancias.

Signos y síntomas familiares

Cuando hablamos de los síntomas de la codependencia, en realidad nos referimos a una serie de comportamientos que la persona codependiente adopta para paliar sus sentimientos de inferioridad e inseguridad. Hay que repetir que hoy sabemos que la codependencia no siempre va asociada a la adicción. Naturalmente, la persona codependiente suele sufrir mucho, y algunos deciden aliviar este dolor con las drogas, el alcohol o el descontrol alimentario. Sin embargo, si esta conducta adormecedora disminuye rápidamente una vez que se aborda la codependencia, ya no se puede hablar de una verdadera adicción.

A continuación esbozo los cinco ámbitos nucleares de la codependencia desde mi perspectiva clínica, además de los diversos síntomas en cada uno de estos ámbitos. Es posible que no todos se den en tu vida. Aun así, te invito a que leas esta lista y señales las formas que puedas tener de relacionarte.

La definición de codependencia

Yo defino la codependencia como dar prioridad a las necesidades, las expectativas o los problemas de los demás a costa de la propia salud mental y física. En la codependencia, el valor que la persona se atribuye procede de los demás y no de su interior. Los individuos codependientes no creen en su valor intrínseco, por lo que necesitan referencias externas que lo sustenten. Con esta definición, vemos que Rose es codependiente, porque para ella su deseo de retener a una pareja es más importante que cualquier otra cosa. El objetivo de la rehabilitación es la interdependencia, en la que la persona puede cuidar y ayudar a los demás, pero nunca en su propio detrimento. Observamos que Rose se abandona, porque no ve a sus amigos ni hace ejercicio físico, para cuidar de su novio con la esperanza de que este decida quedarse con ella, un síntoma fundamental de la codependencia.

Esta concentración en lo externo lleva al codependiente a querer controlar a la otra persona de la relación. Este hecho pone de relieve la paradoja fundamental de la codependencia: cuanto más se centra una persona en controlar a otra, más pérdida de control siente, porque nadie puede cambiar a nadie. Esta paradoja hace que se sienta víctima e impotente.

La codependencia es una experiencia dominante; es la lente a través de la cual uno ve a aquellos que forman parte de su vida. En la codependencia, la experiencia emocional a menudo se reduce a sentimientos de miedo o ansiedad («No me siento a salvo»), animadversión («Tú tienes que ser como yo quiero que seas»), culpa («No puedo decir que no» o «soy malo») y vergüenza («No valgo nada, no merezco que me quieran»). Además, las personas con codependencia sufren este trastorno mantengan una relación o no. Es una condición endógena.

Las relaciones codependientes son desequilibradas por su propia naturaleza. Lo habitual es que uno de los dos dé más de lo que es apropiado, razonable o justo, y que el otro lo tome sin más consideraciones. En este libro, voy a centrarme en los rasgos y las necesidades de la rehabilitación de quienes dan de modo ostentoso para demostrar su valor. La presentación más exigente y egoísta (más «narcisista») de la codependencia es compleja, y merece una exposición especial e independiente. Para no complicar las cosas, voy a centrarme en el camino de la rehabilitación de quienes son más pasivos y entregados.

NECESIDAD DE COMPLACER

Das prioridad a la aprobación o el deseo de los demás sobre lo que tú quieres o necesitas, y es posible que ni siquiera sepas cuáles son tus deseos o tus necesidades. Tal vez:

- Crees que eres egoísta si solo piensas en ti.
- Te sientes culpable cuando dices que no.
- Te irrita que los demás no aprecien todo lo que haces por ellos (aunque no te lo hayan pedido).
- Necesitas evitar cualquier conflicto, aunque tengas que renunciar a lo que para ti es importante.
- Renuncias al poder, crees que otra persona sabe mejor cómo debes vivir tu vida o te sientes coaccionado(a) por las expectativas que de ti tiene esa persona.
- Piensas que tus emociones y necesidades son una carga para los demás.
- Te cuesta concentrarte en tus propios problemas.
- Crees que has de vivir según los criterios de otro, no los tuyos.

FALTA DE AUTOCONCIENCIA Y DE SENTIMIENTO DE TU PROPIO VALOR

Tienes la sensación de que realmente no sabes quién eres o de que andas perdido. Te contemplas desde la perspectiva de las funciones que cumples para los demás. Probablemente:

- Determinas tu valor según sea la opinión que de ti tengan los demás.
- Te esfuerzas en comportarte de forma que demuestre lo que vales.
- Restas importancia a tus logros personales.
- Alcanzas objetivos, pero, en lugar de disfrutarlos, pasas a fijarte otro nuevo.
- Estás dispuesto(a) a cambiar tus intereses en función de la persona con la que compartas tu tiempo.
- Tienes la sensación de que andas perdido(a) o, peor aún, de que nunca supiste realmente quién eres.
- Desearías morir, desaparecer o no existir –tal vez debido al dolor de la codependencia– para conseguir que por fin los demás te aprecien.

PROBLEMAS CON LA REALIDAD

Tienes problemas con tu forma de ver el mundo y para aclarar tus ideas, sentimientos, necesidades y tu sentido de identidad. Probablemente:

- Aceptas la versión que otros tienen de la realidad antes que la tuya.
- Cuando cuestionas a los demás te sientes mal, enfermas o piensas que estás equivocado(a).
- Te disocias de la realidad, a veces adormeciendo tu yo con alcohol, drogas, pornografía, comida compulsiva, compras innecesarias o el trabajo.
- Restas importancia a cómo te afectan las cosas.

- Tienes problemas para comprender cómo te sientes ante lo que te sucede en la vida.

RAZONAMIENTO DISTORSIONADO

Tienes tendencia a alimentar pensamientos generalizados y negativos sobre ti mismo, los demás y el mundo. Probablemente:

- Crees que no está bien o no es seguro compartir lo que piensas o sientes de verdad.
- Te tomas como algo personal la forma de comportarse de los demás.
- Te empeñas en ser perfecto(a).
- Basas tu razonamiento en el «todo o nada».
- Tienes preocupaciones obsesivas y eres incapaz de alejar esos pensamientos.
- Estás convencido(a) de que sabes cómo deberían ser realmente los demás.
- No aceptas a los otros por lo que realmente son.
- Caes en el pensamiento mágico*: si el otro cambia, tu vida será perfecta en todos los sentidos.

---

* N. del T.: El concepto «pensamiento mágico» se utiliza en psicología y antropología para describir atribuciones ilógicas de causalidad que se hacen sin base empírica. El pensamiento mágico se diferencia del lógico, porque el primero es subjetivo y emocional, ya que se basa en creencias que pueden variar según la persona y que generan una sensación de seguridad frente a los deseos y los temores.

PROBLEMAS CON LA INTIMIDAD

Es posible que te cueste mantener relaciones, que te sientas abrumado cuando otras personas quieren conocerte o que a menudo creas que eres invisible para los demás. Probablemente:

- Tienes la sensación de desear desesperadamente formar una unidad con otra persona.
- Conviertes a alguien en tu dios o en el aire que respiras.
- Encierras a presión tus sentimientos hasta que explotan, y lo justificas porque llevabas demasiado tiempo callado(a).
- Te sientes abandonado(a) cuando los demás te imponen límites, por ejemplo cuando deciden parar una conversación.
- Permites que los demás se impongan en las conversaciones y los planes, para así poder ocultarte detrás de ellos.

EJERCICIO: Cuestionario sobre la codependencia

Llegados a este punto, ya sabes cuáles son los síntomas de la codependencia, pero es posible que no tengas muy claro cómo se manifiestan en tu caso. Este cuestionario está pensado considerando experiencias habituales de codependencia que te ayuden a esclarecer cómo puedes sentirla tú personalmente.

❑ La gente me dice que me gusta controlar.

❏ Cuando pienso en mis problemas me siento culpable. Al fin y al cabo, hay muchas personas que tienen problemas mucho más graves que los míos; ¿quién soy yo para quejarme?

❏ A veces parece que no sé de qué hablar si no lo hago sobre la persona de la que me siento codependiente.

❏ Puedo dar a alguien muchas oportunidades de que acabe por satisfacer mis necesidades y, pese a ello, consentir que me trate sin la debida consideración.

❏ No sé realmente quién soy fuera de las funciones que la vida me ha asignado (por ejemplo, las de hijo/a, esposa/marido, trabajador/a).

❏ Me aterroriza la idea de acabar solo(a).

❏ A veces parece como si mi vida estuviera en suspenso, a la espera de que empiece la «auténtica vida».

❏ Es habitual que diga que sí cuando quiero decir que no.

❏ Paso el tiempo con personas que no me gustan simplemente para estar en compañía.

❏ Me molesta dar consejos a los demás y que no los tomen en consideración.

❏ Si presiento algún problema en mi relación, pienso enseguida que yo soy el culpable, o que la causa es mi modo de ver las cosas, en lugar de analizar otras posibles razones.

❏ Evito pedir ayuda a los demás porque no resistiría que me la negaran.

❏ Cuando fui creciendo me obsesionaba que los demás me elogiaran por mis notas, mis habilidades deportivas o ambas cosas.

- En esa época, nunca escuché que mi padre o mi madre me dijeran: «Te quiero».

- No soporto que alguien esté enfadado conmigo, y me obsesiono en recuperar su aprecio, aunque me obligue a dejar lo que para mí es importante.

- Cuando alguien de quien me preocupo sufre por algo, yo suelo sentir lo mismo. No puedo descansar hasta que se siente bien de nuevo.

- Cuando alguien a quien quiero comete un error, me siento personalmente responsable de sus actos.

- Me reprimo de contarle a alguien lo que siento o necesito porque no quiero ser una carga.

- Muchas veces, cuando me preguntan qué me gusta o qué quiero, la mente se me queda en blanco.

- A menudo me doy cuenta de que defiendo ante mis amigos o familia la conducta de la persona que quiero, diciendo que «no ha sido para tanto».

- Agradezco que alguien decida estar conmigo.

- Se me antoja que lo que no provoca caos, drama o alguna crisis, es aburrido.

- He aceptado lo que alguien querido ha contado sobre un determinado hecho, admitiendo lo equivocado(a) que yo estaba, aunque mi instinto me insistiera en que no era verdad.

- He imaginado que me ocurría algo malo, por ejemplo un accidente de tráfico, para que mis allegados acaben por apreciarme y valorar todo lo que hago por ellos.

- Cuando alguien con quien mantengo una relación me dice algo sobre quién es o lo que valora, algo que me incomode o me resulte preocupante, intento por todos los medios olvidarlo o pensar que va a cambiar.

- ❏ Enfermo muy a menudo, sin razón médica alguna.
- ❏ Doy pistas «sutiles» sobre cómo alguien podría cambiar para ajustarse más a mis preferencias, como, por ejemplo, dejar por la casa folletos sobre dietas de adelgazamiento o de recuperación de peso.
- ❏ Durante mi infancia, había emociones o conductas que se consideraban inaceptables o eran motivo de burla, como llorar o enfadarse.
- ❏ Más adelante, los adultos de la familia, cuando les hablaba de mis pensamientos o sentimientos, me hacían a menudo comentarios como: «No, no es eso lo que realmente piensas» o «No, no es así como te sientes».
- ❏ Alguna vez cuando le he dicho a una persona que me molestaba que no me agradeciera lo que había hecho por ella, me ha respondido que nunca me pidió que lo hiciera.
- ❏ Durante mi crecimiento se me ha culpado por cosas que no había hecho o que estaban fuera de mi control, por ejemplo que mis padres se pelearan.
- ❏ Me agobia y me angustia que la persona con la que estoy saliendo tarde bastante en responder a mi mensaje, hasta el punto de que me es muy difícil centrarme en mi propia vida.
- ❏ Durante mi etapa de crecimiento, había algunos «temas prohibidos» que no se podían tocar.
- ❏ Evito comprarme cosas, aunque las necesite, por ejemplo ropa de abrigo, porque cuidar de mí transmite una imagen frívola, aburrida o trivial.

❏ Anticipo lo que los demás esperan de mí, e interactúo con ellos en función de esto en lugar de hacerlo de manera espontánea.

Ahora cuenta todos los cuadros que has señalado y sabrás tu nota:

0 – 8. No cuestionas a menudo tu valor y, en general, tienes unas relaciones auténticas y saludables.

9 – 18. Es probable que, mientras has ido creciendo, hayas tenido algunas experiencias de las que te avergüences y que hacen que ahora pongas en entredicho la validez de tus necesidades y sentimientos. Tal vez no tengas auténticos problemas de codependencia, pero pese a ello te irá bien que sigas las orientaciones que a continuación se dan en este libro para superarla, por ejemplo la de fijar límites.

19 o más. Probablemente estés batallando contra la codependencia, así que felicidades por haber adquirido este libro. Significa un paso hacia el cuidado de ti mismo, algo que merece ser celebrado. Por favor, sigue leyéndolo y haz los ejercicios que en él se proponen para iniciar tu rehabilitación. Es posible curarse de verdad.

Una infancia problemática

En un principio, se pensaba que la persona desarrollaba la codependencia si vivía en una familia de alcohólicos o drogadictos. Sin embargo, un estudio de Julie Fuller y Rebecca Warner, investigadoras de la Universidad de New Hampshire, concluyó que la codependencia se puede desarrollar en cualquier familia con altos niveles de estrés, que pueden estar relacionados con el alcoholismo, pero también con otros factores estresantes, por ejemplo que un miembro de la familia sufra una enfermedad crónica o tenga problemas graves de salud mental. Puede haber o no maltrato y abusos. Parece que criarse en una familia con problemas contribuye de forma importante a que la persona se minusvalore y se sienta incapaz, un caldo de cultivo perfecto para la codependencia.

Virginia Satir, pionera de la terapia de familia, señala que solo hay unas pocas diferencias importantes entre una familia sana y otra con problemas. Son diferencias relacionadas con la autovaloración, las reglas familiares y la comunicación. En una familia sana, existen expectativas realistas y flexibles. En las familias problemáticas, sus miembros aprecian muy poco su propio valor, y la comunicación entre ellos es confusa y engañosa. La definición que Satir da de familia con problemas está en la línea de la teoría de que el origen de la codependencia se halla en el trauma. Merece la pena señalar que la palabra *trauma* procede de otra palabra griega que significa 'herida'. Muchos podemos recordar algunas heridas de nuestra infancia, aunque nuestras familias no se dieran cuenta de ellas.

LA INVALIDACIÓN

Muchas personas codependientes se crían en un entorno en que nadie valora lo que piensan. Así puede ocurrir en una familia en que no se piensa que haya que escuchar a los niños, sino que más bien conviene reprimir sus emociones o perspectivas para comodidad de los padres. Por ejemplo, al niño le puede doler la crítica de su padre o su madre, o que le digan que es la forma que tienen de manifestarle su cariño, y que la interpretación que hace de la situación es errónea.

CONTENER LAS EMOCIONES

En algunas familias se enseña a los hijos a reprimir sus emociones. Por ejemplo, muchos de mis clientes interiorizaron en su niñez el mensaje de que llorar es de débiles. Un mensaje que puede ser indirecto, por ejemplo una mirada desdeñosa, o más evidente, por ejemplo decir al niño que llorar es de cobardes o amenazarlo: «Si no dejas de llorar, te daré razones para que lo hagas». Estas experiencias pueden sofocar el sentimiento del niño relacionado con lo que piensa a medida que va haciéndose mayor. Además, reprimir los sentimientos genera problemas para conocer y reivindicar la realidad de la persona.

NEGAR EL SENTIDO DE IDENTIDAD

Los hijos de familias con problemas pueden sentir no solo que no se da importancia a sus opiniones y emociones, sino tampoco valor alguno a su sentido de identidad fundamental. Así ocurre cuando al niño se le transmite el mensaje de que sus ideas o sentimientos son malos, y también el de que lo que ellos mismos son y como son constituye un auténtico problema. En mi adolescencia, mi madre me decía muy a menudo: «Krystal, yo te quiero, pero no me gusta como eres». Esto me llevaba a pensar que era una persona anormal y antipática. Otros mensajes similares eran preguntas del tipo «pero ¿qué te pasa?», cuando cometías algún error.

EXPECTATIVAS NO REALISTAS

Las familias con problemas también suelen tener expectativas imposibles. Hablaremos del tema con mayor detalle en el capítulo siguiente, pero, en estas situaciones, se espera que el hijo se comporte como un adulto en todo momento. Un ejemplo es llevar a un niño pequeño a un restaurante elegante y enfadarse si se pone a llorar o molesta a los demás comensales. Es posible que tu familia esperara de ti que te comportaras de forma impecable, en todos los sentidos. Dicho brevemente, esto implica esperar la perfección. Y, como sabemos, ningún ser humano es perfecto.

EL ABANDONO Y EL DESAMPARO

La experiencia de abandono o desamparo nos puede predisponer para la codependencia. Los niños no comprenden muy bien el mundo, lo que los lleva a pensar que si ocurren cosas terribles es por su culpa. Cuando maduramos, descubrimos que las actuaciones de los demás representan su carácter y no el nuestro, pero los niños son incapaces de entenderlo. Por consiguiente, cuando un cuidador abandona o deja de atender al niño, este piensa que el hecho de que es malo, o no lo bastante bueno, provocó el abandono. De esta experiencia deriva la creencia de que, si se hubiera comportado mejor, su cuidador se habría quedado.

Es importante señalar que el padre o la madre pueden estar físicamente con el niño, pero tenerlo emocionalmente abandonado. Pensemos en el niño que dice que ha sido objeto de abusos sexuales, pero la familia niega que haya podido ocurrir tal cosa.

No todas las personas codependientes han tenido problemas en su infancia. A veces la codependencia se desarrolla en la madurez. En estos casos, parece que está provocada por un apego herido, por ejemplo el abandono o la traición de un ser querido en un momento en que más se lo necesita, como la infidelidad en la pareja cuando uno de sus miembros está gravemente enfermo o el maltrato doméstico. Con independencia de cuándo desarrollaras tu codependencia, tus sentimientos son válidos.

EJERCICIO: El diario

El hecho de llevar un diario nos pone en contacto con nuestras verdaderas opiniones, emociones y necesidades. Es un componente fundamental de la rehabilitación de la codependencia; por esto te animo a que lleves tu propio diario. Tenlo a mano mientras vayas leyendo este libro.

Puedes empezarlo escribiendo sobre cualquiera de los sentimientos que te produce saber más sobre la codependencia y tus síntomas personales. Es habitual sentirse triste, resentido y avergonzado. Escribe cualquier idea nueva que se te ocurra sobre ti, tu familia o tus otras relaciones. Por último, por favor, escribe lo que pienses sobre cómo cambiar estos patrones de tu vida.

Coexistencia de diversos estados

La codependencia no es en sí misma una enfermedad mental, pero puede coexistir con problemas de salud mental, algo que suele ser bastante habitual. Los trastornos psiquiátricos —a diferencia de la codependencia— tienen un componente fisiológico y genético. Estudios realizados con resonancias magnéticas del cerebro demuestran que el de quienes no sufren trastornos cerebrales tiene un aspecto distinto del de quienes padecen depresión o trastorno bipolar. Un estudio de los doctores Youjin Zhao y Su Lui demostró que quienes padecen un trastorno depresivo mayor (TDM) o un trastorno de ansiedad social (TAS) presentan una corteza insular más gruesa, lo cual afecta a la conciencia y la percepción de uno mismo, y también una corteza cingulada anterior de mayor grosor, que guarda relación con las emociones. El estudio concluía que el cerebro de las personas con TAS era estructuralmente distinto en las zonas donde se procesa el miedo. Aquellos con TDM mostraban diferencias estructurales en la red de reconocimiento visual. Las disfunciones en estas áreas pueden explicar los problemas de concentración, de memoria y de reconocimiento de los sentimientos de los demás por sus expresiones faciales.

La codependencia también puede coexistir con estados tales como los trastornos alimentarios, incluidos la anorexia, la bulimia y el trastorno de apetito desenfrenado. Además, aunque la codependencia se puede dar sin que exista adicción a ninguna sustancia nociva, algunas personas han de batallar además contra la drogadicción y otros tipos de adicciones. Se habla de adicción cuando la conducta o la droga en cuestión cobran cada vez mayor importancia pese a las consecuencias reales o potenciales –por ejemplo, la incapacidad para el trabajo, la pérdida de ingresos o los problemas con la justicia– y cuando es difícil abstenerse de esa conducta o droga durante un tiempo considerable incluso cuando hay razones convincentes para hacerlo, por ejemplo el requerimiento de una persona a la que quieres, como tu pareja.

Si, después de repasar los síntomas y cuestionarios de este libro, piensas que tienes numerosas señales o motivos para preocuparte a los que no has prestado atención, sería conveniente que acudieras al psiquiatra. En la primera visita, te hará una entrevista para recabar información sobre tus síntomas y así esclarecer si padeces algún problema de salud mental. Es un proceso que tal vez te intimide, pero recuerda que para domarlo has de ponerle nombre. Si sabes que tienes otros problemas además de la codependencia, puedes acudir a otros profesionales de la salud mental, o aprovechar otros recursos, como libros de ejercicios, que te dirijan en el proceso de rehabilitación concurrente. Además, existen recursos especializados para estos problemas, como los programas de doce pasos para combatir la drogadicción y los trastornos alimentarios. Es sumamente recomendable buscar también ayuda médica si tienes problemas con tu dieta, porque conlleva muchos riesgos para tu salud, incluida una mayor tasa de mortalidad.

Por último, si padeces algún estado de salud que coexista con la codependencia, recuperarse de esta sigue siendo importante. Después de todo, vivir con la codependencia es sumamente estresante, y el estrés suele agravar los problemas de salud mental. No puedo hablar de los cambios que se producen en el cerebro de mis clientes, pero he observado que sus síntomas de salud mental, como los provocados por la depresión, la adicción o el trastorno por estrés postraumático, se pueden tratar mucho mejor cuando son interdependientes. En la interdependencia, los clientes valoran más el autocuidado, de modo que hay mayores probabilidades de practicar estrategias de afrontamiento eficaces para mantenerse más

Sobre los doce pasos

Muchas personas se han curado de la codependencia con los programas de doce pasos, pero este libro no se ocupa de tal procedimiento. Sin embargo, asistir a reuniones como las de Al-Anon (para personas próximas a alguien adicto a cualquier tipo de sustancia, no solo el alcohol), Adictos Anónimos al Sexo y el Amor (SLAA, por sus siglas en inglés) o Codependientes Anónimos (AC, por sus siglas en inglés), puede ser un buen complemento para este libro. Si te interesa saber más sobre el tema, muchas comunidades organizan sus propias reuniones. La mejor forma de informarte sobre ellas es a través de la web de la organización, como la de Al-Anon.org. También los libros te pueden orientar a lo largo de los doce pasos, por ejemplo, *A Gentle Path through the Twelve Steps* ([Un camino fácil a través de los doce pasos], de Patrick Carnes, y *Codependents's Guide to the Twelve Steps* [Guía sobre los doce pasos para codependientes], de Melody Beattie.

estables y en algunos casos buscar la ayuda que a veces la gravedad de sus síntomas hace necesaria.

Tu camino hacia delante

El objetivo de este libro es ayudarte en tu camino hacia la rehabilitación de la codependencia. Como alguien que tiene interés personal y profesional en el tema, estoy convencida de que la rehabilitación es un estilo de vida cuya práctica se puede aprender. Con la lectura de este libro, te ejercitarás en el descubrimiento de quién eres realmente, en establecer de nuevo contacto contigo y en cuidar de ti mismo. Aprenderás a protegerte estableciendo límites saludables. Por último, descubrirás cómo mantener relaciones sanas con una comunicación clara y sincera, que allanará el camino para alcanzar un sentido de tu intimidad más profundo del que hayas conocido con anterioridad.

EJERCICIO: Una meditación sencilla

El *mindfulness* consiste en prestar plena atención al momento presente sin hacer juicio alguno. Se trata de observar y aceptar el presente por lo que es en un determinado momento. Aprender a sosegar la mente mediante el *mindfulness* genera unos beneficios increíbles, entre otros: nos ayuda a disminuir la ansiedad y a liberarnos de pensamientos obsesivos, aumenta nuestra conciencia de quienes somos y resta fuerza al impulso que nos aboca a reaccionar ante las cosas a partir de sentimientos intensos.

La manera más sencilla de empezar a practicar el *mindfulness* es aprender a ser conscientes de la respiración. Eckhart Tolle, director espiritual y escritor, dice: «Siempre que eres consciente de la respiración estás completamente presente». Muchos de los que hemos padecido la codependencia experimentamos una arremetida de pensamientos, ya sean obsesivos o autocríticos. El *mindfulness* ralentiza este proceso.

Para comenzar, busca un lugar tranquilo donde nadie ni nada te vaya a molestar durante al menos unos minutos y siéntate cómodamente con la espalda recta. Respira tres o cuatro veces con normalidad para concentrarte. Inspira el aire por la nariz, retenlo y suéltalo por la boca. Empieza por respirar profundamente por la nariz y, con esta inhalación, imagina que puedes introducir una sensación de paz y relax. Mantén la respiración un momento. Cuando sueltes el aire, imagina que con la exhalación puedes alejar de ti toda la tensión acumulada en el cuerpo y la mente. Si la mente divaga, vuelve a respirar: esta es la práctica del *mindfulness*, volver al presente. Sigue respirando así cuatro veces y descansa. Hoy ya has hecho un gran trabajo. Observa cómo se sienten tu mente y tu cuerpo después de este ejercicio.

Continúa con esta práctica siempre que puedas a lo largo del día para concentrarte y tranquilizarte.

Hay que cuidar y preocuparse de uno mismo

Como seres humanos que somos, anhelamos tener relaciones, estar conectados. Los estudios demuestran que la soledad y el aislamiento social pueden aumentar el riesgo de una muerte prematura. La alternativa saludable a la codependencia no son la total independencia y el completo aislamiento, sino la interdependencia. Cuando somos interdependientes nos responsabilizamos de cuidar de nuestra propia salud emocional, física y económica, al tiempo que aceptamos la ayuda de los demás si la necesitamos.

DEMOS UN PASO MÁS

La codependencia se puede definir de múltiples formas, pero en este libro adoptamos la de que se caracteriza por que, para medir el valor propio, la persona se centra en elementos externos, y no en cualidades internas. En este capítulo se te ha invitado a que observes tus propios síntomas.

Antes de pasar al capítulo siguiente, por favor, considera lo que sigue:

1. Felicítate por haber escogido este libro: fue un acto valiente de autocuidado.

2. Practica la compasión hacia ti mismo(a). Es habitual que, al analizar tus conductas, asomen ciertos sentimientos de vergüenza, pero proceden de un momento de dolor real de tu pasado. Oprah Winfrey cuenta que Maya Angelou le dijo: «Si sabes más, lo haces mejor».

3. Piensa en tus reacciones al animarte a que inicies la práctica del *mindfulness*. Sentir resistencia es algo común: tal vez pienses que no tienes tiempo para eso o no sabes cómo hacerlo. Observa ese recelo si existe, acéptalo, pero no dejes de aprender a conectar con tu respiración. Nada puedes perder con ello.

Capítulo 2
La familia es importante

Carrie, de cuarenta y seis años, y su madre, de setenta y tres, siempre han estado muy unidas. Cuando Carrie fue haciéndose mayor, ambas se enorgullecían de decir a los demás que cada una era la mejor amiga de la otra. La madre no dejaba de presumir de que no había mejor hija que Carrie. Sin embargo, en sus relaciones con otras personas, a Carrie le cuesta sentirse cómoda si estas no la elogian o no le recuerdan que es importante para ellas, porque se crio asociando su valor con los frecuentes halagos de su madre. Actualmente, su madre empieza a tener problemas de salud, y Carrie está sometida a la gran presión de ser su cuidadora perfecta. Es una situación difícil, porque cuando Carrie tiene otras obligaciones, su madre la culpa de no pasar suficiente tiempo juntas y de las otras prioridades que a buen seguro debe de tener. Carrie sugirió una vez contratar a una cuidadora a media jornada para que la ayudara mientras ella estaba trabajando, pero su madre se ofendió de que le quisiera pasar a un extraño una responsabilidad que era de ella. La madre se ha hecho cada vez más crítica y le dedica menos elogios a su hija, de modo que esta no está segura de que esté actuando bien como cuidadora, algo que afecta a su autoestima. Carrie se siente motivada para hacerlo mejor, así que después de una larga jornada de trabajo, se va a casa de su madre y le prepara comidas, la ayuda a bañarse y le administra la medicación. Además, prepara todo lo que su madre va a necesitar al día siguiente cuando ella esté en el trabajo. Lo habitual ahora es que Carrie duerma solo cinco horas por la noche, algo que le resta energía y la pone de mal humor. También ha observado una tos que no se le va, pero ahora mismo no tiene tiempo para ir al médico.

Arquetipos de familia disfuncional

Como veíamos en el capítulo uno, nuestras primeras experiencias pueden contribuir muchísimo al desarrollo de la codependencia. Algunas familias con problemas establecen normas rígidas, pero tácitas, relacionadas con el concepto de los roles familiares. Virginia Satir, de la que ya he hablado, fue la primera en identificar estos roles, que son lo que se espera de cada uno de los miembros de la familia. Claudia Black, especialista en adicciones, y Sharon Wegsheider-Cruse, fundadora de la National Association for Children of Alcoholics ('asociación nacional para hijos de alcohólicos'), hablan extensamente de estos roles relativos a las familias alcohólicas. El trabajo de ambas contribuyó de forma importante a la comprensión inicial de la codependencia. Para entender mejor el efecto de los roles en el funcionamiento de la familia, es importante considerar la teoría de sistemas familiares. La mayoría de los terapeutas entienden la familia como un sistema en el que el todo es mayor que la suma de sus partes. En las familias problemáticas, las partes suelen comportarse con cierta rigidez, por lo que se observa que los roles cumplen su función en el mantenimiento del sistema familiar disfuncional. Es importante señalar que el término *disfuncional*, aunque pueda parecer estigmatizador, desde una perspectiva de los sistemas familiares se refiere simplemente a una familia que no funciona bien. En una familia funcional, se respetan las opiniones, los sentimientos y la identidad de los niños y los adultos, y las expectativas y consecuencias de su comportamiento son claras.

En un sistema familiar, la homeostasis es cualquier cosa que una familia considere el *statu quo*, que se puede interpretar como estabilidad, aunque sea caótica. No es raro que, debido a esta homeostasis, otros miembros de la familia se comporten de modo que perjudique a la salud mental o la rehabilitación de adicciones. Esto fue lo primero que alertó a los profesionales de que en una familia de adictos discurría otro proceso disfuncional, no solo la propia adicción. Por último, los roles se complementan. Nos necesitamos mutuamente para seguir el guion y que así la familia mantenga su equilibrio. Hay que señalar que cuanto más sana es una familia, menos rígidos son estos roles, mientras que cuanto más estresada es la familia, más inamovibles son. Por ejemplo, de Carrie siempre se ha esperado que sea la «hija perfecta», lo cual es un rol inamovible. Es posible que ella valore de verdad cuidar de los demás, incluida su madre, pero la aprobación de esta depende de que Carrie actúe perfectamente al cuidar de ella, aunque las circunstancias de su hija cambien.

Conviene observar que se te han podido asignar diferentes roles debido a cambios diversos en tus circunstancias. Tal vez fuiste el «héroe» hasta que falleció tu madre, pero cuando tu padre se casó de nuevo, pasaste a ser el «cabeza de turco». Estos cambios pueden complicar aún más nuestro sentido de identidad y del valor propio. Hablemos de los roles familiares codependientes habituales.

EL FACILITADOR

De niño, el facilitador puede haber aprendido a reprimir sus propios intereses y sentimientos para ayudar a otros miembros de la familia. Niega su propio enfado, lo evita y se aparta de él. En las familias o parejas con problemas de adicción o enfermedades mentales graves, el facilitador es quien protege a los seres queridos de las consecuencias naturales de su comportamiento. Por tanto, al ir haciéndose mayor, el facilitador tiene problemas para mantenerse firme. En la dinámica familiar a veces se espera que haga de padre de sus padres. Pero, como sabemos, no es realista pensar que un niño cuente con todo lo necesario para comportarse como un adulto. Ningún niño puede ayudar en todo y estar siempre presente. Y, francamente, tampoco ningún adulto puede cumplir tal tarea. En consecuencia, el facilitador interioriza la vergüenza de no ser perfecto en su capacidad de cuidar de los demás.

EL HÉROE

Se suele considerar que el héroe es el niño incapaz de hacer nada mal. Pero cuando comete un error, la familia o mantiene el acuerdo tácito de no reconocerlo o transfiere la culpa al «cabeza de turco» (página 50). Por ejemplo, el héroe nunca habría consumido drogas si el cabeza de turco no lo hubiera instigado a hacerlo. Es habitual que los demás hijos se sientan celosos y resentidos con el héroe, que crece recibiendo elogios por sus logros y capacidades o, incluso, sus atributos físicos, todo ello obviando su verdadero carácter. El héroe descubre que siempre ha de ser encantador y complaciente, porque tiene la responsabilidad de que la familia siga siendo feliz mediante el sentimiento de orgullo. También aprende que las normas de la familia no rigen para él de la misma forma que para los demás. Se da cuenta de que es capaz de socavar la estructura familiar para satisfacer sus necesidades. Es lo que puede suceder, por ejemplo, cuando pide algo a uno de los padres, este se lo niega y, en cambio, el otro se lo concede, aunque sea algo que nunca sucede con sus hermanos. Esto refuerza en el héroe la idea de que es especial y que se rige por normas distintas.

EL CABEZA DE TURCO

El cabeza de turco o chivo expiatorio se usa a menudo para centrar en él la ira y la hostilidad de la familia como forma de mitigar el conflicto entre los otros miembros de esta. Después de todo, con el cabeza de turco, se dispone de una persona a quien señalar como culpable de todos los males de la familia. Puede ser el niño que dice a su profesor que en su casa existe el maltrato o la adicción.

El cabeza de turco descubre que es malo y que su mal comportamiento puede ser objeto de atención. En muchos casos, es una persona rebelde. Es posible que en la escuela las cosas no le vayan bien o que actúe de manera poco habitual, por ejemplo tener relaciones sexuales o consumir drogas a una edad muy temprana. Hay que señalar que puede ser un buen alumno o hacer lo que le corresponde en otro tipo de actividades, pero sus logros no se celebran como se haría con los del héroe. Además, puede tener problemas para expresar su ira de forma moderada, incluso tener pataletas durante la adolescencia y la madurez.

A menudo este rol es representado por un adicto, y puede ser un adulto. En ese caso, la idea general entre los otros miembros de la familia es que si el adicto se recuperara, todos los problemas familiares se solucionarían. Naturalmente, la dificultad de este rol es que el resto de los miembros adoptan una férrea actitud defensiva ante la idea de esforzarse por cambiar también su propio comportamiento, lo cual refuerza el ciclo de la adicción dentro de la familia.

EL HIJO PERDIDO

Entendemos al hijo perdido como un huérfano emocional. Puede ser en gran parte invisible para el resto de la familia, que, además, lo deja abandonado. La finalidad del hijo perdido en la familia es ser una fuente de alivio, porque la idea general es que nadie necesita preocuparse por él. Es un rol de extrema soledad y que a menudo lo lleva a pensar que debe negar sus propios sentimientos para que no sean una carga para nadie. Este rol contribuye al desarrollo de la codependencia, porque, debido a este patrón de continua negación, el hijo perdido, al ir haciéndose mayor, batalla por saber qué necesita o siente. Sabemos quiénes somos, en parte, por la retroalimentación íntima de nuestros padres y cuidadores, y sin ella, nos podemos sentir completamente desconectados de nuestro propio yo.

EL MASCOTA

Todas las familias necesitan un elemento humorístico, y el mascota cumple esta función. A la persona que actúa de tal se la suele considerar débil, dependiente e inmadura. Cuando el cuidador se siente angustiado, puede acudir a alguien como el mascota para dirigir su ansiedad hacia él; por tanto, esta persona puede hacerse mayor sintiéndose asfixiada por esa intimidad. Al criarse en una familia cuyos miembros o uno de los padres buscan a los demás para satisfacer sus necesidades, el mascota puede deducir que no tiene capacidad de actuación propia. Se puede sentir impotente o incompetente. Puede crecer pensando que no puede confiar en sí mismo ni siquiera para realizar las tareas elementales. El mascota también aprende a enmascarar sus propios sentimientos como si de un juego se tratara y, en consecuencia, ocurre a menudo que los demás no se lo toman en serio. De ahí deriva su dificultad para reivindicarse.

EJERCICIO: Identificar los roles de la familia codependiente

Es posible que, mientras leías lo anterior acerca de los roles familiares, hayas observado unos fuertes sentimientos sobre diferentes roles o una afinidad tuya o de los miembros de tu familia con alguno de ellos. En este ejercicio, entenderás mejor el papel que tu familia ha desempeñado en el desarrollo de tus síntomas codependientes.

En primer lugar, establece una cronología desde que naciste hasta que dejaste la casa de tu infancia. A continuación, haz una lista de todos los miembros de tu familia o de las personas con las que has vivido al ir haciéndote mayor. En ella puedes incluir a otros parientes, por ejemplo una tía o los abuelos. En esta línea cronológica señala los nacimientos, fallecimientos, mudanzas importantes y separaciones o divorcios, como mejor los recuerdes. Repasa los arquetipos de familia disfuncional (página 46) y después empieza a identificar los roles que más recuerdes haber ejercido en tu infancia. Puede que hayas tenido un rol inmutable. O quizá haya cambiado con el paso del tiempo. Después haz lo mismo con los miembros de tu familia, incluidos todos tus hermanos si los tienes.

A continuación, anota en el diario todas las reflexiones o ideas que hayas tenido. Al observar los roles que has desempeñado al ir creciendo en tu familia, practica la autocomprensión respecto a tu codependencia. Te enseñaron que tu familia podría quererte, atenderte o aceptarte si representabas el papel que te habían asignado y no te permitías analizar tu auténtica identidad. Imagínate de niño, e intenta comprender a ese niño y cómo le enseñaron que, tal como era, no tenía valor alguno.

Las relaciones familiares codependientes

Desde la perspectiva de los sistemas familiares, toda la familia se comporta de manera funcional o disfuncional, pero en el caso de las relaciones en las familias problemáticas, algunos de sus miembros pueden ser manifiestamente más codependientes que otros. Las que siguen son algunas de las formas en que se manifiestan estas relaciones.

PADRE/MADRE – PADRE/MADRE O PADRE/MADRE – PAREJA

Es posible que tu padre o tu madre sea codependiente de su pareja. Esta situación se produce cuando hay un padre o una madre adicto y un facilitador (página 48), pero se puede dar sin necesidad de conductas adictivas si el padre o la madre se empeña en que su pareja sea feliz al precio que sea. En una familia sana, la atención está en los hijos, porque aún no pueden satisfacer sus propias necesidades. Sin embargo, en este escenario, los adultos se centran más en sí mismos y el uno en el otro, no en los hijos.

PADRE/MADRE – HIJO

En este tipo de relación, uno de los padres sin darse cuenta utiliza a su hijo para satisfacer sus propias necesidades, cuando, evidentemente, debería ser al revés. Es el caso, por ejemplo, de la madre que quiere tener un hijo para por fin contar con alguien que la quiera y no la «abandone» (el entrecomillado se debe a que, como persona adulta, la madre puede atender sus necesidades, y lo que corresponde al hijo es ir madurando para encontrar su camino en la vida). Este escenario puede existir también en una relación entre el hijo adulto y el padre o la madre. Por ejemplo, la madre de Carrie espera que esta sea su única cuidadora. En una relación interdependiente, aunque la madre quisiera que su hija le dedicase más tiempo, sería capaz de reconocer que ha de trabajar para ganarse el sustento y no puede estar siempre a su disposición, de modo que las dos podrían contemplar la posibilidad de contratar a una cuidadora a tiempo parcial.

Esta situación también se puede manifestar en una familia donde el padre o la madre tengan problemas de adicción o de salud mental y puede que un hijo deba cargar con la responsabilidad de la familia. Quizá sea el hijo mayor que ayuda a los otros hijos con sus deberes y se ocupa de que coman porque su padre o su madre están, física o mentalmente, ausentes.

HERMANO - HERMANO

Según mi experiencia, este es un tipo más raro de codependencia, porque habitualmente son los padres quienes refuerzan los roles codependientes entre los hijos. En una relación codependiente entre hermanos, estos tienen un profundo sentimiento de responsabilidad. Así ocurre a veces con los gemelos, trillizos y demás. Otro ejemplo puede ser cuando uno de los dos hermanos goza de buena salud y el otro enferma muy a menudo: es posible que al sano se lo eduque para que se responsabilice de su hermano enfermo. Por último, también es habitual que los hermanos mucho mayores tengan con los más pequeños un tipo de relación que sustituya a la del padre o la madre.

Afronta tus miedos

Cuando empezamos a pensar en establecer límites en torno a nuestros roles familiares para poder vivir con mayor autenticidad, es posible que descubramos que nos sentimos incapaces de cambiar o abrumados por la idea de hacerlo. En el momento en que comenzamos a romper el ciclo de nuestra codependencia, podemos sentirnos apegados a ella porque ofrece un sentimiento de previsibilidad. Muchos hemos creado numerosas formas de comportarnos que refuerzan nuestro rol. Al desprendernos de este, necesitamos cambiar profundamente los comportamientos arraigados, fijar límites con respecto a nuestra familia y comenzar a descubrir quiénes somos de verdad. Los beneficios de este cambio acabarán por mitigar nuestro dolor, el estrés y la sensación de agotamiento, pero es muy normal sentirnos nerviosos cuando empezamos a pensar en salir de nuestro rol.

LA INFERIORIDAD

En el proceso de descubrir quiénes somos fuera de nuestro rol familiar, es posible que tengamos sentimientos de vergüenza que nos dicen que no poseemos todo lo necesario para que se nos quiera o aprecie tal como somos. Representar un rol para nuestra familia puede ser extremadamente agotador, pero, al menos en nuestro rol, sabemos que algo depende de nosotros. La madre de Carrie inculcó a esta desde una edad muy temprana que su valor estaba en ser amable y comportarse como correspondía. Por esta razón, es posible que Carrie tenga miedo de acabar con su rol de hija perfecta porque no está segura de sus méritos si no puede atender siempre las necesidades de su madre.

Cuando pensamos que nuestro valor depende de que alguien nos necesite, la idea de mostrar nuestra auténtica forma de ser nos aterroriza porque no sabemos aún si se nos querrá o valorará por el mero hecho de existir. Cuando tenemos miedo de valer menos que los demás, podemos pensar que tenemos que demostrar nuestro valor para mantener la relación con ellos.

EL ABANDONO

El miedo al abandono se enraíza en el sentimiento de no ser lo bastante buenos, en especial si de algún modo sentimos que está relacionado con mostrar nuestra verdadera identidad. Puede que creamos que las personas de nuestra vida nos quieren a su alrededor solo si hacemos cosas para ellas o las cuidamos, porque no estamos seguros de poseer un valor inherente. Es posible que los roles nos confundan, pero no hay duda de que hay personas a las que les alegraría estrechar la relación con nosotros. Son personas que quieren conocer nuestra auténtica identidad, no la máscara tras la que nos ocultamos por miedo a carecer de mérito alguno. Reflexionar sobre todo esto puede asustar, pero dedica unos minutos a pensar en aquellos a los que quieres y considera: ¿prefieres que finjan que son lo que no son para no incomodarte o, en lo más profundo de tu corazón, quieres conocerlos de verdad? Imagino que, en el fondo, tu respuesta es lo segundo. Y lo mismo se puede decir de quienes te quieren.

LA CULPA

La culpa lleva a muchos a no abandonar su codependencia. La culpa es el sentimiento de que debemos hacer cosas para los demás porque es nuestra obligación y para demostrar nuestro cariño o valor, aunque sea en nuestro propio perjuicio. Desde esta perspectiva, es habitual pensar que fijar en nuestras relaciones unos límites basados en nuestras propias necesidades significa falta de cariño o de amabilidad. A Carrie la agobian las exigencias del trabajo y el cuidado de su madre, pero cuando esta se opone a contratar a un cuidador o una cuidadora por horas, la culpa empuja a Carrie a no cambiar. Se dice a sí misma que su madre ha hecho muchísimo por ella y que no debería ser tan egoísta, lo cual la incita a quedarse anclada en el ciclo de trabajar, cuidar y no dormir lo suficiente, aunque todo ello empiece a afectar a su salud.

EJERCICIO: Romper los patrones del pensamiento inútil

Cuando miramos a través de la lente de la codependencia, es habitual pensar en muchas cosas que para nada sirven y que agudizan nuestras conductas y relaciones codependientes. En la terapia cognitivo-conductual, estos razonamientos inútiles, a menudo llamados «distorsiones cognitivas» o «errores de pensamiento», se sustituyen por una aseveración más equilibrada. A continuación, encontrarás algunos ejemplos de pensamientos inútiles; mientras los leas, por favor, señala aquellos que creas que te afectan. Cada ejemplo incluye una declaración más útil y reivindicativa que sustituye a este pensamiento.

PENSAMIENTO INÚTIL: «No puedo pedir ayuda a los demás; debo valerme por mí mismo(a)».

PENSAMIENTO MÁS ÚTIL: «Aprender a pedir ayuda a los demás me pone en una situación de vulnerabilidad. Puedo aprender a tolerar la incomodidad de mi vulnerabilidad. En mi proceso de curación de la codependencia, es importante que pase a ser interdependiente, de modo que pueda satisfacer mis necesidades y tener unas relaciones estrechas y saludables».

PENSAMIENTO INÚTIL: «He de reprimir mis sentimientos y necesidades para que los demás no se incomoden».

PENSAMIENTO MÁS ÚTIL: «Tengo derecho a tener sentimientos y necesidades. Soy responsable de compartir con los demás quién soy de un modo amable, para así evitar que surja en mí el resentimiento, que es tan perjudicial para la relación».

PENSAMIENTO INÚTIL: «Poner límites a los demás está mal o es mezquino».

PENSAMIENTO MÁS ÚTIL: «No debo permitirme ser víctima de alguien, porque hiere mi sentido de autorrespeto y perjudica a la relación. Si no pongo límites, al final me sentiré resentido hacia esa persona».

PENSAMIENTO INÚTIL: «Si yo fuera mejor, las personas cambiarían/se curarían/se recuperarían».

PENSAMIENTO MÁS ÚTIL: «Las acciones de otras personas son el reflejo de ellas mismas y de sus valores, no del valor personal que yo tenga en el mundo. Yo soy valioso(a), aunque aquellos a los que quiero tengan problemas».

PENSAMIENTO INÚTIL: «Sabré que realmente valgo cuando se produzca un determinado hecho».

PENSAMIENTO MÁS ÚTIL: «Algunas cosas pueden aportar alegría y el sentido de tener un objetivo en la vida, pero mi vida es importante, como lo soy yo mismo, incluso sin esas cosas».

PENSAMIENTO INÚTIL: «Debo gustar a todo el mundo».

PENSAMIENTO MÁS ÚTIL: «No es agradable no gustar a ciertas personas y duele perder relaciones importantes, pero ya he sobrevivido a muchos sentimientos dolorosos y también puedo hacerlo con estos. No todos me van a aceptar y querer ni voy a ser del agrado de todos, pero hay personas en este mundo que sí pueden apreciarme y lo harán».

PENSAMIENTO INÚTIL: «Estoy hundido(a)».

PENSAMIENTO MÁS ÚTIL: «Tengo razones para haber aprendido a actuar como lo hago en mis relaciones con los demás, y no me es fácil cuidar de mí mismo(a). Pero soy capaz de aceptarme, y merezco amor y respeto».

PENSAMIENTO INÚTIL: «Si no soy perfecto(a), carezco de valor».

PENSAMIENTO MÁS ÚTIL: «Tengo virtudes y tengo defectos, como todo el mundo. Todos tenemos cosas que merecen celebrarse y áreas que necesitan ser mejoradas. Soy capaz de aceptar mis imperfecciones».

PENSAMIENTO INÚTIL: «Cambiar no merece el esfuerzo que exige, porque es agotador y puede afectar a las personas que más quiero».

PENSAMIENTO MÁS ÚTIL: «Vivir con mi codependencia me ha costado mucho trabajo, un sacrificio al que he sobrevivido, así que soy capaz de hacer todo lo que haga falta para cambiar. El consuelo de estar conectado(a) conmigo mismo hará que me sienta más alegre en la vida y me llevará a unas mejores relaciones con los demás».

PENSAMIENTO INÚTIL: «Para mí es una crueldad no cuidar de mis seres queridos cuando sufren».

PENSAMIENTO MÁS ÚTIL: «Cuando las personas de las que me preocupo sufren, lo apropiado es interesarme por ellas, pero debo dejarles la dignidad de sentir sus propias emociones además del potencial crecimiento que supone vivir las consecuencias naturales de estas».

Seguiremos con este trabajo en un capítulo posterior, por lo que conviene que anotes tus pensamientos en tu diario, para después retomarlos. Si alguno de estos ejemplos te recuerda en gran medida tu caso, por favor, escribe las ideas que consideres más útiles. Quizá quieras ponerlas en algún lugar donde las veas con frecuencia (por ejemplo, en el espejo del cuarto de baño) para empezar a cuestionar ese pensamiento inútil original.

Aprender a desapegarse

Según las enseñanzas budistas, la raíz de todo sufrimiento es el apego, o aferrarnos a nuestros deseos. En la codependencia, el apego normalmente se manifiesta como una preocupación obsesiva o la firme convicción de que solo podemos ser felices si en nuestra vida conseguimos determinadas cosas, por ejemplo que alguien querido abandone la bebida o ascienda en el trabajo. En nuestra codependencia, este apego suele ser un proceso compulsivo más que uno al que decidamos entregarnos activamente. En mi codependencia, me sentía a menudo como el perro y el hueso: sencillamente, era incapaz de dejar de pensar en lo que me obsesionaba. Evidentemente, de esta fijación nunca surgía nada productivo.

La simple consideración de desapegarse o abandonar puede ser terriblemente aterradora. Al fin y al cabo, si confiáramos en que las cosas van a ir bien, no nos aferraríamos con tanta fuerza. En la mayoría de los casos nos hace un flaco servicio pensar que si seguimos apegados a algo podemos conseguir lo que deseamos. Como dice una conocida cita atribuida al psicoanalista Carl Jung: «Aquello a lo que te resistes no solo persiste, sino que además aumenta». Con frecuencia también es verdad lo contrario: cuando nos empeñamos en algo, por ejemplo en que alguien inicie la rehabilitación o decida relacionarse con nosotros, en realidad hacemos que tales posibilidades se reduzcan.

A continuación, resumo algunas razones de que aprender a desapegarse es una práctica recomendable para rehabilitarse de la codependencia.

NO PUEDES CAMBIAR A LOS DEMÁS

Intentar cambiar a las personas puede ser contraproducente y generar resentimiento: nos lo vamos a reprochar mutuamente. Es importante comprender que todo el mundo tiene derecho a pensar y actuar de acuerdo con su sistema de valores. También a tomar sus propias decisiones y cometer sus propios errores. Pero este derecho conlleva la responsabilidad de aceptar las consecuencias de nuestras decisiones. Las personas solo cambian de verdad cuando están decididas a hacerlo, una decisión que ha de salir de su interior y que nunca se puede forzar. Amar a alguien que sufre problemas que crees que tú puedes solucionar es doloroso, pero el cambio se debe producir por decisión de esa persona. Nosotros solo podemos influir en que cambie si es receptiva, únicamente en este caso.

En los inicios de mi carrera profesional, me sentía empujada a «arreglar» a mis clientes para demostrarles que, como terapeuta suya que era, podía liberarlos de su sufrimiento. Esto me generaba una gran presión a mí pero, sobre todo, a ellos, porque cuando inevitablemente no hacían las cosas «perfectamente» (debido a la equívoca definición mía de cómo debía ser su curación), me lo tomaba como algo personal. Quería ser la mejor sanadora, lo cual demostró ser una trampa tanto para mí como para el cliente. Desde entonces he aprendido que yo puedo orientar o sembrar semillas, pero no puedo asumir la responsabilidad de que alguien se cure ni elogiarlo por ello.

SOLO PUEDES RESOLVER ALGUNOS PROBLEMAS

Si pudiéramos resolvernos los problemas unos a otros, nuestro mundo sería un lugar muy distinto. El deseo de cuidar de los demás no generaría tanto dolor, resentimiento ni culpa si tuviéramos el poder de resolver de verdad sus problemas. Solo hay algunos problemas para cuya solución tenemos cierto poder: los nuestros propios o los que hemos generado con otra persona (como los problemas de comunicación en el matrimonio). Somos mucho más eficientes en la resolución de un problema cuando es nuestro propio problema. Por ejemplo, puedo aliviar el dolor de mi codependencia practicando el *mindfulness* y el desapego. Nunca podré curar mi codependencia resolviendo los problemas de otra persona; como hemos visto, esforzarse en cambiar a alguien es el sello distintivo de la propia codependencia. Somos más productivos y nos sentimos con mayor fuerza cuando «seguimos por nuestro carril».

EL ACTO DE CUIDAR NO ES LO QUE TE DEFINE

Librarnos de la codependencia pasa por aceptar que poseemos un valor inherente; no tenemos que hacer nada para «ganarnos» el valor y nada podemos hacer que nos prive por completo de ese valor. Recuperarse de la codependencia es una cuestión de respeto y amor a nosotros mismos y a los demás. La servidumbre es no quererse uno mismo o a los demás, porque la consecuencia definitiva de la preocupación por otras personas y su cuidado es el resentimiento hacia esta persona de la que «cuidamos». En mi adolescencia, mi madre escuchaba con frecuencia *Ni princesa ni esclava*, una canción de Vicki Carr sobre una mujer que no aspira a ser princesa pero tampoco acepta ser esclava. En sus relaciones, simplemente quiere dar, pero también recibir. Las relaciones sanas entre adultos han de mantener el equilibrio entre lo que se da y lo que se recibe.

ES POSIBLE QUE TU CAMINO NO SEA EL CORRECTO

Lo habitual es que nuestro deseo de cambiar o controlar a los demás tenga su origen en un auténtico cariño: queremos protegerlos del dolor y el sufrimiento. Sin embargo, no siempre podemos determinar cuál es el camino correcto para otra persona. Lo que decida, aunque nos parezca un error, representa sus valores, el sentido de su identidad y su libre voluntad. Hay que respetar el derecho de los demás a tomar sus propias decisiones y reconocer su responsabilidad en la vida, aun en el caso de que tales decisiones no sean las mejores. En las relaciones entre adultos lo ideal es que las personas se respeten mutuamente el derecho a tener sus propias opiniones y tomar sus propias decisiones. Además, en una relación sana entre padres e hijo, el padre o la madre enseña y orienta al hijo, según sea la fase de su desarrollo en que se encuentre, para que se cuide y piense sin que nadie le imponga cómo debe hacerlo.

EJERCICIO: Practicar el desapego

El desapego es algo de lo que hablamos explícitamente con nuestros seres queridos; es más una actitud interior de respeto por uno mismo y por el otro. Practicamos el desapego cuando nos abstenemos de dar consejos, de «salvar» a alguien de sí mismo o de forzar nuestros planes sobre otra persona. Sin embargo, en nuestras conversaciones con los demás nos podemos comunicar de forma que digamos claramente lo que necesitamos o queremos al tiempo que aclaramos que no tenemos derecho a obligar al otro a que vea las cosas como nosotros las vemos. Lo que sigue es una conversación entre Carrie y su madre para explicar un poco más lo que acabo de decir:

MADRE: No sé qué te pasa últimamente, Carrie. Has estado tan ocupada que no regresas a casa hasta las seis o las siete de la tarde. Eso no es suficiente tiempo.

CARRIE: Mamá, ahora mismo intento hacer todo lo que puedo. Quiero estar más tiempo contigo, pero tengo mucho más trabajo que antes. Ya les he dicho que necesito tiempo para atenderte, pero me han advertido que si me voy antes o vuelvo a llamarte ya puedo empezar a buscar otro trabajo. En estos momentos no me puedo permitir estar sin trabajo.

MADRE: ¿No puedes entrar más temprano? ¿No tienes dinero ahorrado? No entiendo el problema. Antes compaginabas mucho mejor tus obligaciones.

CARRIE: Mamá, esto es lo mejor que puedo hacer por ti en estos momentos. Comprendo que tú no pienses lo mismo.

En este caso, observamos que Carrie manifiesta que, pese al valor que reconoce al hecho de estar con su madre, también ha de conservar su trabajo, además de aceptar que no pueda cambiar la opinión de su madre. Entiende que intentar convencerla para que vea las cosas exactamente como ella las ve sería un esfuerzo inútil, así que mantiene el límite que le impone tener trabajo y al mismo tiempo reconocer que hace todo lo que puede, aunque su madre no esté de acuerdo.

CONSEJO *MINDFULNESS*

Aprender a desapegarse requiere practicar la conciencia plena, junto con reconocer nuestros miedos, así como la importancia de seguir adelante.

Reestructurar tus defensas

Es importante señalar que el desapego no equivale a la disociación, que se puede definir como lo opuesto al *mindfulness*. La
disociación se puede representar como «desorientación», un rechazo a mirar al presente o una actitud olvidadiza. Se puede manifestar cuando nos resistimos a la realidad de lo que realmente
ocurre debido a la fantasía de lo que quisiéramos que ocurriera
(nuestro apego a lo que deseamos en vez de aceptar las cosas
como son). Cuando disociamos, negamos lo que pasa en nuestra
vida o minimizamos los efectos del trauma u otros acontecimien-
tos importantes. El desapego, por el contrario, implica la plena
conciencia de lo que pasa de verdad. Desapegarse significa sol-
tarse para estar plenamente presente.

Por favor, lee el siguiente recuadro; si te sientes aludido(a), tal vez convenga que lo grabes para escucharlo cuando sea necesario o que escribas en tu diario alguna reflexión sobre él.

Querido yo:

En estos momentos me aterroriza soltar porque esta situación tiene para mí mucha importancia. Intentar cambiar a los demás y cuidar de ellos me tiene agotado(a), pero también tengo miedo de que si cedo en mis esfuerzos por controlar lo que me rodea todo se desmorone. No obstante, me comprometo a aprender a desapegarme y acepto que el desapego es una práctica más que una decisión pasajera. Estoy aprendiendo a centrarme en cambiar o controlar mi forma de reaccionar con los demás, y puedo enfrentarme a cualquier cosa que me obstaculice el camino. Prometo seguir trabajando en descubrir mi valor y mis cualidades inherentes. Por último, prometo trabajar en celebrar que soy una persona independiente de los demás; tengo mis propios sentimientos, necesidades, deseos, fallos y virtudes, y voy a esforzarme también en celebrar la independencia de los demás. Tienen derecho a tener sus propias opiniones, emociones y necesidades. Me comprometo a practicar el desapego porque me estoy dando cuenta de que hay una alternativa a mi modo de vivir actual; puede haber menos dolor, estrés, culpa e ira.

Cuando practico el desapego, veo que mi vida se puede llenar de más alegría, sosiego y conexión.

Un beso.

Yo

DEMOS UN PASO MÁS

En este capítulo te he hablado de los roles de la familia y de cómo contribuyen a la codependencia. También he insistido en que estos roles mantienen la homeostasis de la familia, más que ser auténticas expresiones del yo. Espero que hayas averiguado más cosas sobre tu rol o tus roles en tu familia y sobre los que desempeñan el resto de los miembros. Comprendemos que aunque estos roles pueden ser limitadores y agotadores, cambiar puede resultar aterrador. He dicho de la práctica del desapego que es una forma de empezar a liberarse de estas limitaciones y curarse de la codependencia.

Te pido que consideres lo siguiente:

1. Piensa en una persona de tu entorno más cercano con la que te sientas seguro(a) para manifestarte tal como eres, por ejemplo, tu hermano, o tu mejor amigo.

2. Imagina qué consejo u orientación quisieras darle a tu propio yo más joven cuando estabas atrapado(a)

en un determinado rol. ¿Qué consejo considerarías, ahora que sabes que pensabas que debías asumir el rol del mascota, por ejemplo, o cualquier otro?

3. Escribe una carta a tu yo más joven en la que le des este consejo y le orientes en este sentido. En ella, también puedes expresar tu deseo de ayudar a ese niño o a esa niña a encontrar su propia voz e identidad.

Segunda parte

Los pasos

Ponte en contacto con tu propio yo

Caroline no recuerda la última vez que no se sentía agotada, sola y desgraciada. Se le antoja que su marido y sus hijos solo ven en ella a la chófer, la cocinera y la sirvienta. Tan mal se siente que ya no se reserva tiempo para ver a sus amigos o salir a pasear, dos cosas de las que antes disfrutaba. Además, si antes le gustaba el sexo, ahora siente resentimiento hacia su marido cuando él toma la iniciativa porque piensa que es una cosa más de las que se le exigen. Raramente dispone de un momento para sí misma, y cuando lo tiene, observa un pánico soterrado a que haya olvidado que no es más que esposa y madre. No le gusta este sentimiento, así que evita el tiempo libre durante el día. Cuando no está ocupada haciendo cosas como cocinar, planificar fiestas o asistir a partidos de fútbol, se entretiene hablando de estas actividades en las redes sociales. Tiene especial cuidado en asegurarse que en las fotos que sube a *esas redes todo parezca perfecto y todo el mundo feliz. Si a alguien le gusta o comenta lo que cuelga en las redes, observa que se siente un poco menos sola durante un momento. Últimamente, para relajarse por la noche, ha empezado a beber más. Sube a las redes a menudo fotografías alegres con comentarios como «La hora de la copa de mamá». Lamentablemente, estos posts reciben muchos «me gusta», lo cual refuerza el ciclo.*

¿Quién eres?

Muchas personas que batallan contra la codependencia sienten como si hubieran perdido la conciencia de su identidad o, sobre todo, nunca hubiesen sabido quiénes eran. Aunque es un sentimiento habitual, a muchos les da vergüenza revelar que no se conocen. Evidentemente, muchos codependientes no contaron con el regalo de la autoexploración en sus primeros años. Al contrario, se esperaba de ellos que desempeñaran un rol dentro de la familia, lo cual les impide desarrollar su auténtica personalidad.

Nunca podemos perder nuestra verdadera identidad, pero puede quedar oculta debajo de las capas del estrés, el dolor, los pensamientos obsesivos, la ira o el trauma. Pese a todo, existe un camino claro que lleva a la conexión, aunque nunca hayas descubierto quién eres. Tenemos en nuestro cuerpo una sabiduría innata sobre quiénes somos y lo que valoramos si aprendemos a ser conscientes. Expresiones como *sigue a tu corazón* o *confía en tu instinto* resaltan esta verdad. En el libro *El alquimista*, de Paulo Coelho, el protagonista pregunta por qué ha de escuchar a su corazón. La respuesta que recibe es: «Porque nunca más podrás mantenerlo callado. Aunque simules que no has oído lo que te dice, sus palabras quedarán para siempre dentro de ti, repitiéndote lo que estás pensando sobre la vida y el mundo». Nadie hay en el mundo que te conozca mejor que tú mismo.

Conectar con nuestro auténtico yo es fundamental para recuperarse de la codependencia. Si no sabemos quiénes somos, es posible que muchas veces pensemos que no nos gustamos. Al igual que Caroline, te puedes sentir perdido en la vida. Pero no te preocupes. Aprender a quererte es un proceso. Comienza por familiarizarte con quién eres. Para empezar a gustarnos y respetarnos hemos de saber quiénes somos, y después, en la práctica del autorrespeto y el autocuidado, descubrimos que acabamos por enamorarnos de quienes somos.

En la rehabilitación, partimos de la base de que sabemos quiénes somos realmente, de modo que dejamos de vivir en continua reacción. Nos asentamos en nuestro sentido del valor propio y el hecho de que podamos decidir cómo reaccionar y actuar. Por lo tanto, es posible que las cosas nos molesten, pero, como el árbol, permanecemos arraigados, aunque las ramas se quiebren en días de tormenta. En esta forma de vivir, nunca olvidamos lo que valemos ni el sentido de empoderamiento.

HAZ UN INVENTARIO (IDENTIFICA LOS PATRONES DE CONDUCTA NEGATIVOS)

Es importante fijarse en los patrones conductuales negativos de tu vida. A veces puede parecer más fácil de gestionar cambiar de forma inmediata nuestras conductas que nuestros pensamientos e ideas. Por ejemplo, es posible que Caroline no piense que practicar el cuidado de sí misma le es provechoso, pero puede observar que le es imposible hacer gran cosa después de tomarse unas copas. También puede percibir que con frecuencia la bebida le produce resaca por la mañana, lo cual afecta a su estado de ánimo y a sus fuerzas. Ante tal realidad, puede darse cuenta de que tiene tiempo de tomar un baño y escribir en su diario por la noche y, con ello, evitar las resacas. Caroline puede empezar a sustituir la bebida por actividades sanas.

Para desarrollar la conciencia de que tus propias formas de comportarte, más que ayudarte, te perjudican, tal vez quieras volver al «Cuestionario sobre la codependencia» (página 27) del capítulo uno. Escribe en tu diario una lista de entre cinco y diez formas de comportarte que actualmente consideres las que mayores problemas te generan. Identificar estas conductas puede ayudarte a empezar a ver maneras concretas de comenzar a hacer cambios. Para cada conducta, considera una forma que puedas empezar a cambiar; por ejemplo, quizá estés de acuerdo con la afirmación: «Lo habitual es que diga que sí cuando quiero decir que no». Si es así, verás que empezar a decir que no, o incluso «déjame que lo piense», cuando sea necesario, es un paso hacia el autorrespeto.

Es importante que este inventario surja de la curiosidad y no del descontento. Recuerda que has desarrollado estas conductas como una reacción a experiencias o mensajes dolorosos. Puedes sentir autoempatía y dar pasos hacia el cambio.

REIVINDICA TUS DESEOS Y NECESIDADES

Aprender a identificar nuestros verdaderos deseos y necesidades es un paso de suma importancia hacia el autodescubrimiento. Los seres humanos compartimos necesidades comunes, todo aquello que es necesario para la salud y la supervivencia. Las necesidades básicas incluyen el alimento, la seguridad, un sitio donde vivir y dormir, y olvidar estas necesidades afecta muy negativamente a nuestra salud mental y física. La jerarquía de las necesidades de Maslow subraya esta verdad fundamental; dice Maslow que antes de que podamos tener relaciones íntimas con otras personas o sentirnos plenos y complacidos (la autorrealización), hemos de tener satisfechas nuestras necesidades básicas. La supervivencia es la fuerza más importante que nos impulsa como seres humanos, y si no estamos seguros o si nuestras necesidades físicas no son atendidas, no tenemos la capacidad mental ni física para aspirar a una vida satisfactoria basada en auténticos deseos.

Los deseos, aunque no son necesarios para sobrevivir, añaden satisfacción y alegría a nuestra vida. Necesitamos un lugar donde vivir, pero tener una casa decorada con gusto y a la temperatura que consideramos perfecta es algo deseable. Además, no necesitamos literalmente formas agradables de pasar el tiempo, pero tener aficiones que nos gusten añade placer y sosiego a la vida. Es importante señalar que el personaje que representamos —no nuestro verdadero yo, sino una idea de quienes *deberíamos* ser— puede empujarnos a diversas actividades que no satisfacen nuestros auténticos deseos. Es habitual no saber exactamente cuáles son las actividades con las que disfrutas, pero es importante que te permitas experimentar hasta dar con lo que realmente te satisfaga. Por ejemplo, tu ego puede decirte que las únicas aficiones realmente útiles son el senderismo o la jardinería porque son físicamente productivas, pero la realidad es que a ti te diviertete más leer y estudiar, unas actividades no solo más que aceptables sino dignas de aplauso. Lo que te apasiona subraya quién eres de verdad, y descubrir tu esencia te da una fuerza enorme.

RECONECTA CON TUS ANTIGUAS PASIONES

Aunque te hubieras criado en una familia rígidamente codependiente, lo habitual es que descubrieras tus primeras aficiones en la infancia y la adolescencia. Conectar de nuevo con las actividades que te encantaban en tu infancia y adolescencia puede ayudarte a tener la sensación de que regresas a casa para encontrarte contigo mismo. Estas actividades pueden ir desde jugar con una mascota o juegos de mesa hasta escuchar música, dibujar o practicar algún deporte. En este sentido, lo importante es permitirte jugar, divertirte sin necesidad de producir algo. De este modo reducimos el estrés, fomentamos la creatividad y alentamos la conexión con nosotros mismos y con los demás.

Evidentemente, al principio puede ser difícil recordar esas primeras aficiones que nos apasionaban, porque es posible que nuestra verdadera identidad haya quedado oculta. Para redescubrir estas aficiones pueden ayudar las fotografías y los recuerdos de esas épocas anteriores de tu vida. A veces, el simple hecho de escuchar música de cuando éramos más jóvenes nos puede ayudar a recordar quiénes somos.

EJERCICIO: Identificar tus necesidades y deseos

Para empezar a reconocer tus necesidades y deseos, por favor, resérvate tiempo para escribir en tu diario siguiendo estas pautas: «Si no hubiera nadie más que pudiese juzgarme, ¿qué desearía realmente en mi vida? ¿Dónde querría vivir? ¿Qué tipo de formación o de trabajo me propondría? ¿Qué clase de relaciones tendría? ¿Cómo defino una vida de éxito y provechosa al margen de las definiciones de los demás?».

Después de escribir en el diario tus respuestas, dedica un momento a reflexionar. ¿Existe en tu vida algún aspecto que ya coincida con lo que realmente deseas? Si es así, ¡felicidades! Esto demuestra que eres capaz de seguir con este trabajo. En caso contrario, ahora dispones de información sobre lo que hará que te sientas satisfecho en la vida.

EJERCICIO: La técnica de la flecha descendente

Una vez hecho el inventario e identificados nuestros deseos y necesidades, podemos hacer cambios conductuales, pero es probable que las ideas fundamentales nos sigan influyendo. En este ejercicio, veremos cómo una situación estresante puede ayudar a esclarecer cuáles son las ideas fundamentales que nos tienen paralizados.

Para empezar, el que sigue es un ejemplo de la práctica de Caroline con esta técnica. Escribió:

> «Hago todas estas cosas por mi marido y los niños, pero nunca me lo agradecen. Les pido una y otra vez que reconozcan todo lo que hago y he abandonado por ellos –los amigos, una vida social, dormir lo suficiente– pero nunca lo hacen. No me ayudan en nada: mis hijos se quejan tantísimo siempre que les pido ayuda, que ya he desistido; no merece la pena pelearse por ello. Y después de años de suplicar a mi marido que me trate con respeto, he dejado de hacerlo».

Si esto es verdad, ¿qué significa?

«Nadie me ayuda en ningún momento,
lo cual significa que no me aprecian».

↓

Si esto es verdad, ¿qué significa?

«Si no me aprecian, todo el trabajo que hago por ellos
con tanto esfuerzo no vale nada».

↓

Si esto es verdad, ¿qué significa?

«Si lo que hago no tiene ningún valor,
entonces yo tampoco lo tengo; soy inútil e invisible».

↓

**«No soy importante; soy inútil e invisible»
es el núcleo de la idea negativa.**

Intenta hacer lo mismo en tu diario. Señala una situación en que sientas resentimiento o estrés y pregúntate: «Si esto es verdad, ¿qué significa?». Sigue reflexionando hasta llegar a la idea básica. Cuando llegues a ella lo sentirás con claridad: simplemente sabrás o sentirás que es así. Más adelante, hablaremos de cómo puedes abordar el cambio y esta idea básica.

Crear un relato nuevo

Nos contamos historias que nos ayuden a entender lo que experimentamos. Aunque son relatos que nacen de nuestras propias percepciones, se centran en nuestras creencias nucleares. Después, buscamos pruebas que refuercen estas ideas y descarten todo lo que las contradiga. Las personas que se consideran débiles seguro que recordarán tiempos en los que sacrificaron lo que necesitaban, pero pasarán por alto otros tiempos que reflejan su fortaleza, por ejemplo cuando negociaron con éxito para ascender en el trabajo.

LAS HISTORIAS QUE CONTAMOS

Es propio de la naturaleza humana crear historias basadas en nuestras experiencias personales para que nuestra vida parezca coherente y organizada. Lamentablemente, el relato que creamos puede ser autodestructivo, porque a menudo lo elaboramos en torno a ideas negativas. Por ejemplo, Caroline cree que está en el mundo para servir a los demás. Ella misma alumbró esta idea a los ocho años, cuando su madre quedó parapléjica después de un accidente de tráfico. Su madre se encerró en su pena y se negaba a pedir ayuda. Muchas veces no se movía de la cama y no quería ver a nadie. Caroline se dio cuenta de que ahora ella debía responsabilizarse de cuidar a todos. Aprendió a cocinar para la familia y se preocupaba de que sus hermanas se vistieran para ir a la escuela todas las mañanas y de que se acostaran a la hora debida. Desde entonces, piensa que es inútil si no está al servicio de alguien.

SEPARAR EL YO

En las historias que contamos, vinculamos nuestra identidad con nuestros problemas. Si estamos batallando contra la codependencia, es normal que nos sintamos hundidos. Es importante comprender que tú no eres el problema. Eres una persona con una historia compleja y razones para reconocer tu propio valor interior y tu realidad, pero esto no es la esencia de quién eres. Tienes tendencia a la codependencia, pero la codependencia no te define. Cuando observas que la codependencia no encarna tu auténtico yo, puedes empezar a luchar contra el problema en lugar de atacarte a ti mismo.

Para exteriorizar nuestros problemas, podemos usar nuestra creatividad. Cuando luchaba contra la depresión, un día tuve una revelación. No era una persona destrozada y odiosa, pero mi depresión intentaba convencerme de lo contrario. En mi mente, la depresión estaba representada por una cucaracha gigantesca con una corona. Al verla como algo externo con vida propia, cuando tenía pensamientos depresivos, me daba cuenta de que la cucaracha era una mentirosa. ¿Se te ocurre algún tótem o alguna representación de la codependencia que puedas utilizar de modo parecido?

CAMBIAR TU PERSPECTIVA

Con el tiempo, después de reconocer a la cucaracha, caí en la cuenta de que mi depresión nunca me dejaba ver lo fuerte que soy; he sobrevivido a los malos tratos y los abusos que sufrí en mi infancia. Fui consciente de que es una fortaleza auténtica, y cuando personalizo esta virtud, soy una guerrera divina. Cuando segregamos el problema de la identidad, el problema deja espacio para ver las partes de nosotros que hemos dejado de ver. Por ejemplo, Caroline piensa que no es importante si no hace cosas para los demás, pero puede cambiar la historia observando otras perspectivas. Puede recordar que cuando sus hijos eran unos bebés no podían hacer nada por los demás, pero poseían un valor intrínseco. Esto también puede permitirle ver su valor intrínseco, sin necesidad de hacer nada.

DECONSTRUIR O RECONSTRUIR

Las historias que nos contamos se pueden utilizar como una forma de ayuda o para venirnos abajo. Pese a que disponemos de muchas interpretaciones, muchos nos aferramos a un relato concreto de nuestra vida, por ejemplo pensar que somos invisibles para los demás y, por consiguiente, carecemos de valor alguno o creer que, por la razón que sea, los demás nos rechazan y abandonan. Afortunadamente, podemos aprender a cuestionar nuestros relatos dolorosos, en los que a menudo nos victimizamos. Y lo podemos hacer deconstruyendo nuestras historias. Para ello, contamos la historia de lo ocurrido, pero no lo dejamos ahí; ahora empezamos a percatarnos de hechos que solemos olvidar y que contradicen nuestro relato original. Por ejemplo, es posible que te sientas invisible porque tus padres no se ocuparon de ti, pero a continuación puedes observar que, a medida que ibas creciendo, los padres de tus mejores amigos se interesaban mucho por ti, de modo que te convences de que no puedes ser invisible por naturaleza.

En el caso de Caroline, puede contar la historia de su infancia, pero a medida que va recorriendo su vida, es posible que recuerde que su tía vino a vivir con su familia unos cuantos años, cuando Caroline tenía diez. Puede que se dé cuenta de que su tía la ayudaba y animaba a que estuviera con sus amigos. También puede observar que rechazó esos ánimos porque se sentía obligada a quedarse en casa. Esto contradice la historia de Caroline de que carece de valor si no hace algo por los demás. Después puede pasar a cuestionar su historia de carecer de valor observando otras veces en que se la aceptaba por el simple hecho de ser ella. Verá también que a veces era ella quien se abandonaba a sí misma.

EJERCICIO: Escribe tu historia

Por favor, resérvate un rato de tranquilidad para escribir en tu diario cómo crees que se originó en ti la codependencia y reflexiona sobre cómo tu creencia nuclear de «La técnica de la flecha descendente» (página 82) encaja en esta historia. Piensa en tu idea fundamental y las experiencias de tu vida que reforzaron esa idea. A continuación, observa momentos de tu vida en que se cuestionara esa idea básica. Las situaciones que contradicen tu relato destacan que hay otra forma de verte a ti y a tu vida al margen de tu relato original. Una vez que hayas observado las ocasiones en que tu relato original quedara en entredicho, dedica unos minutos a escribir en tu diario acerca de lo que estás descubriendo sobre quién eres realmente. En lugar de lo que te ha dicho tu relato, ¿cuál entiendes ahora que es la realidad? ¿Qué sientes al observar que lo que es verdad desmonta tus creencias al respecto? ¿De qué otra manera crees que puedes comportarte ahora que conoces la verdad?

Por ejemplo, puedes pensar en cómo tu infancia te llevó a imaginar que otros conocen tu realidad o tu verdad mucho mejor que tú. Tal vez tus padres a menudo afirmaban que estabas equivocado cuando comentabas determinados hechos. Podrían decirte, por ejemplo, que no habías visto a tu padre darle una bofetada a tu madre, cuando de hecho se la dio. Esto generó un relato de que tu percepción de la realidad es falsa, incluso tu propia perspectiva. Es posible que además se den otros escenarios que refuercen esta creencia, por ejemplo que tu novio de la universidad te dijera que estabas paranoica por pensar que te engañaba. A continuación, empieza a reconocer los momentos que desmontan tu relato de que no puedes confiar en tu instinto. Tal vez recuerdes que cuando eras joven oías una sosegada voz en tu interior que te decía que el magisterio sería una buena opción para ti, así que te lo pusiste como objetivo. Hoy eres feliz en tu profesión, así que *acertaste* en aquella decisión. O es posible que veas que cuando tu novio de la universidad te decía que eras una paranoica, más tarde descubriste que de hecho te engañaba, así que estabas en lo cierto. Ahora puedes ver que eres capaz de confiar en tu forma de ver las cosas, porque en el pasado acertabas en tus sospechas. Ya puedes empezar a confiar en escucharte más, porque ahora sabes que tu relato original no era cierto.

Liberarse de la vergüenza

Brené Brown, una profesora de universidad que ha estudiado en profundidad el tema de la vergüenza, define esta como «el sentimiento intensamente doloroso o la penosa experiencia de creer que somos imperfectos y, por ello, no somos merecedores del cariño ni de la pertenencia». Puede ser embarazoso creer que hemos posibilitado, aceptado o permitido conductas dañinas y que, en nuestra codependencia, nos hemos abandonado. La capacidad de liberarse de la vergüenza es imprescindible para superar la codependencia.

Muchos intentamos combatir la vergüenza avergonzándonos a nosotros mismos. Como hacen los padres exigentes y críticos, nos decimos el desastre que somos y que debemos enmendarnos. Sin embargo, combatir la vergüenza con vergüenza es como intentar apagar el fuego con gasolina: no hace más que alimentar nuestro dolor. El antídoto es la autocomprensión. Hay razones para que nos comportemos como lo hacemos, incluso cuando nos equivocamos. Hablemos ahora de cómo liberarnos de la vergüenza.

SOLTAR LAS IDEAS BASADAS EN LA VERGÜENZA

La vergüenza nos dice que no somos suficientemente buenos y que nuestra identidad es imperfecta. Hace que nos afanemos en buscar la perfección y complacer a los demás para que nos acepten y demostrar lo que valemos. La vergüenza nos dice cosas imposibles, por ejemplo: «He de ser aceptado(a) por todos» o «No puedo cometer errores». Son ideas basadas en la vergüenza que, evidentemente, no se pueden llevar a la práctica y provocan ansiedad y tristeza. Además, dejar que la vergüenza nos determine la vida nos desconecta de nuestra verdadera identidad y de los demás. La triste paradoja de esforzarse por ser aceptado por todos es que en realidad dejamos de lado la posibilidad de establecer relaciones más ricas e íntimas que sí están a nuestro alcance, porque en este mundo hay ciertas personas que valoran y aprecian nuestro auténtico ser, aunque con otras podamos ser incompatibles.

NO EVITES EL DESASOSIEGO

Como consecuencia de la codependencia, ya has sobrevivido a mucho dolor, angustia y ansiedad. Traigo aquí ahora este tema solo porque significa que sin duda puedes tolerar cierto desasosiego. Mientras trabajas en tu rehabilitación, recuerda que la recompensa merece la pena. Un relato tradicional apunta a que adquirimos la madurez simplemente como un subproducto del hacernos mayores. Nada hay de verdad en ello. Muchas personas van cumpliendo años y años sin llegar nunca a madurar de verdad. Nunca descubrieron su auténtica identidad. Nunca encontraron la forma de vivir una vida alegre y satisfactoria. Como decía la maestra espiritual Marianne Williamson: «Hace falta coraje... para soportar el agudo dolor del descubrimiento de uno mismo en lugar de aceptar el tedioso malestar de la inconsciencia que nos va a acompañar toda la vida».

NO ES CULPA TUYA

Por último, quiero recordarte que hay razones para que pensaras que tu valor en este mundo es condicional. Por consiguiente, hay razones para que te comportaras como lo hiciste y creyeras lo que creíste en tu codependencia. Antes no sabías que existe una alternativa, pero, ahora que ya lo sabes, asumes la tarea hermosa y madura de cargar con la responsabilidad de tu curación.

EJERCICIO: ¿Puedes aceptarlo?

Cuando empezamos a trabajar en nuestra rehabilitación y observamos nuestros relatos e historias, es habitual sentir nuevas oleadas de ira hacia quienes pensamos que nos indujeron a la codependencia. También podemos sentir vergüenza. Piensa que entregarse a tales sentimientos no facilita la recuperación. Al contrario, la curación proviene de la comprensión y aceptación de lo que fue parte de nuestra vida.

Para este ejercicio, piensa en algo de tu pasado de lo que te sientas dolido o resentido. Dedícale unas líneas en tu diario. No tienes que alegrarte de estos hechos pasados. Simplemente necesitas aceptar que son verdad y forman parte de tu historia.

Aunque pueda haber sido desagradable y doloroso, lo que te ocurrió no es lo que te define. Escribe en el diario que tu vida, tu estado de ánimo y tus ideas pueden cambiar si te permites aceptar totalmente el pasado. Además, por favor, ten presente que aceptar el pasado no equivale a perdonar lo ocurrido.

Identifica tus creencias

En «Romper los patrones del pensamiento inútil» (página 58) trabajamos en determinar algunos pensamientos inútiles y, en este primer paso, hemos esclarecido un poco más cómo identificar los sistemas de creencias nucleares. Las creencias nucleares negativas limitan la comprensión —y apreciación— de nosotros mismos, como limitan también lo cerca que podemos llegar a estar de los demás desde nuestra propia interdependencia. Identificar nuestras creencias es un paso importante hacia la recuperación, porque después podemos dedicarnos a cuestionar estas creencias y así sentirnos más seguros y realizados.

EL PROCESO

Todos llevamos a un crítico en nuestro interior. Para algunos, es un crítico muy insistente que nos habla con determinación. Tu crítico interior te puede decir que eres débil, estúpido o desagradable. Tal vez también quieras volver a la entrada de tu diario en la que hablas de los pensamientos inútiles. Por último, en muchísimos casos, puedes emplear «La técnica de la flecha descendente (página 82) para aclarar tus ideas.

LAS CREENCIAS NUCLEARES SE CONFUNDEN CON LOS JUICIOS DE VALOR

Los pensamientos e historias que tenemos sobre nosotros mismos a menudo dejan de lado las excepciones que rebatirían esta visión propia negativa. En terapia, nos gusta decir que una creencia es simplemente un pensamiento que contemplamos a menudo. Sin embargo, pensar algo con frecuencia no lo convierte en una verdad absoluta.

SUSTITUIR LAS CREENCIAS NUCLEARES

Muchos de mis clientes dicen que, aunque se les ha dicho que se reivindiquen –diciendo: «Me quiero» o «Merezco que me quieran y respeten», por ejemplo–, siguen odiándose y se consideran carentes de valor inherente o se sienten, de un modo u otro, hundidos. Experimentan mayor vergüenza porque no pueden ratificar su valor. Para sustituir nuestras creencias nucleares negativas, debemos hacer dos cosas. En primer lugar, seguir buscando momentos geniales que contradigan nuestro relato o sistema de creencias. Por ejemplo, si Caroline quiere cuestionar la creencia de que nadie la aprecia ni le da importancia, buscará intencionadamente momentos en que los miembros de su familia u otras personas le agradecen algo sinceramente o se ofrecen a ayudarla. El otro paso para sustituir las creencias nucleares se resume en el siguiente ejercicio: «Identificar y sustituir las creencias nucleares negativas».

EJERCICIO: Identificar y sustituir las creencias nucleares negativas

Muchos ya estamos familiarizados con el concepto de afirmación positiva para sustituir el diálogo interno negativo, pero entiendo este proceso como si de un puente se tratara. Aunque nuestro objetivo final pueda ser creer sin reservas la afirmación: «Me quiero», vamos avanzando poco a poco. ¿Cuál es una forma sencilla de rebatir nuestras creencias negativas? Para ponerme yo misma de ejemplo, a mis veintipocos años no me gustaba. Me sentía invisible. La idea de afirmar que me quería me parecía ridícula, porque pensaba que era sustancialmente falsa. Empecé con algo más sencillo: «Existo». Para reforzarlo me quedaba mirándome en el espejo. A partir de ahí, pude decir: «Quiero gustarme» y «Me esfuerzo en quererme». Por último, después de adoptar este enfoque comedido y sincero, hoy puedo decir sin problemas: «Me quiero».

Para este ejercicio, identifica una creencia nuclear negativa que interfiera en la visión que tengas de ti mismo(a) y tus relaciones. Determina lo que en última instancia te gustaría creer, por ejemplo: «No tengo que ser perfecto(a) para ser feliz» o «Puedo ser feliz y aceptarme como soy». Después identifica dos o tres afirmaciones puente, como: «Estoy aprendiendo a aceptar que tengo virtudes y defectos, pero aun así valgo la pena» o «Mi vida puede ser alegre incluso cuando cometo errores, porque los errores forman parte de la vida».

Caroline puede usar esta técnica puente para sustituir sus creencias nucleares negativas. Una de ellas es: «Carezco de importancia. Soy inútil e invisible». En estos primeros momentos, es posible que aún no esté preparada para afirmar: «Soy importante por el mero hecho de que existo; mi valía es inherente». Sin embargo, se siente más segura si dice: «Los seres humanos nacen con un valor intrínseco por el simple hecho de existir. Empiezo a observar que eso mismo puedo decir de mí». Después de afianzar esta idea, a continuación puede manifestar: «Nací con un valor intrínseco y sigo poseyéndolo». Esta afirmación aún está a cierta distancia de la que es el objetivo propuesto, pero se acerca mucho más a este, porque ayuda a Caroline a comprender que tenía valor desde que nació, pero no dice sin más que posee este valor. Es una pequeña diferencia, pero la semántica la puede ayudar a creer en la verdad de su valor. Después, y por último, puede afirmar: «Soy importante simplemente porque existo. Mi valía es inherente».

Desprenderse de la mentalidad de «víctima»

Debido a que la codependencia fomenta la atención a lo exterior, es habitual pensar que alguien, o la propia vida, nos está convirtiendo en víctimas. Nos podemos sentir indefensos, como una bolsa de plástico arrastrada por el viento. Pero cuando nos recuperamos, descubrimos que nunca estamos realmente desamparados ni inmovilizados. Podemos decidir, actuar y reaccionar de muy diversas maneras.

Reconocer que somos responsables de cómo nos comportamos y de las relaciones en las que participamos puede ser todo un reto. Es posible que aceptarlo sea difícil, pero la codependencia no significa que seas una víctima. Puede que otras personas nos hayan tratado muy mal, pero también participamos en el establecimiento y mantenimiento de estos patrones. Decidimos negar o restar importancia al comportamiento de los demás y optamos por olvidarnos de nuestras necesidades y de nosotros mismos.

Cuando nos sentimos víctimas de otros, nos olvidamos de nuestro poder. Cuando nos aferramos a la idea de que alguien nos victimiza, olvidamos que podemos cambiar. Tenemos poder para reconocer el dolor y la ira que sentimos hacia los demás, un poder que podemos ejercer. Nos paralizamos cuando nos negamos a rechazar la idea de que no podemos cambiar nuestro pasado y no tenemos más opción que aceptarlo. Sin embargo, recordar que realmente tenemos el poder de cambiar nuestra vida actual y futura es una actitud liberadora.

DEMOS UN PASO MÁS

En este paso, hemos visto que es muy habitual sentirse perdido en la codependencia y nos hemos fijado en maneras de conectar con nuestro auténtico yo. Te he hablado de los relatos y los sistemas de creencias negativas como obstáculos que nos impiden ver la verdad de nuestra plenitud y nuestro valor. Para seguir con el trabajo perfilado en este paso, por favor, haz lo siguiente:

1. Repite tu afirmación «puente» al menos una vez al día; para ello te puede ayudar colocar un *post-it* en algún lugar donde vayas a verlo con frecuencia, por ejemplo en el espejo del cuarto de baño. Mirarte en el espejo al tiempo que dices esta afirmación puede contribuir también a fortalecer la compasión hacia ti mismo(a), porque es probable que hayas sido mucho más crítico(a) contigo que con los demás, una actitud que puede mitigarse si te fijas más en ti.

2. Dita Von Teese dijo: «Puedes ser un melocotón maduro y delicioso, pero a pesar de ello habrá en el mundo personas que odiarán los melocotones». Escribe en tu diario qué piensas de complacer a los demás y ser aceptado(a) por otros en general y qué sentimientos asoman cuando reflexionas sobre esta cita.

3. En este paso, pudiste empezar a observar un nuevo relato sobre ti mismo(a) (dejar de ser débil y cobrar fuerza, por ejemplo). Si fuiste capaz de encontrar un

personaje o un objeto emblemático que represente tu nuevo relato, busca una fotografía o un dibujo de él y pégalo en el teléfono o el ordenador, o, si no, busca una cita estimulante que destaque esta nueva visión de ti mismo(a) y ponla en un lugar que mires con frecuencia, como forma de reforzar este mensaje.

Da prioridad a cuidar de ti mismo

Óscar y Cassandra llevan casados quince años, a los que hay que sumar los tres que estuvieron de novios. Antes de casarse, su relación parecía fácil. Todos sus amigos coincidían en que se entendían a la perfección. Óscar se lo tomaba como una señal de que Cassandra era «la mujer» de su vida, y le propuso casarse. Nunca hablaban del futuro. Óscar daba por supuesto que, cuando encontrara a la persona correcta, todo se pondría en su sitio. Pocos años después de que se casaran, empezó a hablar de tener hijos, algo que siempre consideró importante. Cassandra le dijo que no sabía que formar una familia fuera importante para él y que necesitaba más tiempo para alcanzar determinados objetivos profesionales antes de pensar en ser madre. Él lo aceptó y esperó hasta que ella obtuviera una buena posición en su carrera profesional para sacar de nuevo el tema. Y Cassandra repitió que no era el momento adecuado.

Con cierta desazón, Óscar lo aceptó una vez más. De hecho, había empezado a trabajar más horas y, cuando llegaba tarde a casa, Cassandra ya estaba durmiendo, por lo que no podían seguir hablando de tener hijos. Y así continuaron las cosas varios años, por lo que se sentía resentido. Veía a sus amigos con sus familias y se preguntaba cómo era posible que su esposa pudiera negarse a algo que para él era tan importante. Pero la amaba y no quería dejarla, de modo que cuando aparecían estos sentimientos, los apartaba de la mente. Estos días se ha dado cuenta de que obsequiarse por las tardes con las sobras de la cocina de la oficina lo ayuda a relajarse. Ha empezado a sentirse deprimido porque está engordando, pero se siente emocionalmente exhausto, así que, para afrontar esos incómodos sentimientos, sigue comiendo más de lo que debiera.

Ha llegado tu momento

Cuando comiences a recuperarte de la codependencia es el momento de que dejes de poner el foco en otra persona para centrarte en ti. Evidentemente, es un acto revolucionario y exigente por su propia naturaleza. Cuando empezamos a cambiar, es muy natural que queramos que la persona con quien mantenemos una relación de codependencia cambie con nosotros. Esto sería lo ideal, pero la propia naturaleza de las relaciones codependientes puede hacer que sea imposible conseguirlo, al menos al principio.

CUANDO NO TE ENTIENDEN

En una relación codependiente, pueden surgir problemas importantes cuando una persona está decidida a introducir cambios y la otra no. Esta puede tener sus razones para no acompañarte en este viaje. Es posible que no se sienta motivada para cambiar porque no reconoce que exista ningún problema. Puede pensar en aceptar la dinámica que haya entre los dos, aunque a ti no te satisfaga. Puede ser que Cassandra no se dé cuenta de que su matrimonio con Óscar tiene problemas porque, cuando hablan de tener hijos, cree que él a veces se ofusca, pero en realidad está de acuerdo en que no le importa no tener hijos.

CUANDO NO TE AYUDAN

A veces el problema no es que el otro no entienda tus necesidades, sino que no te ayude en tus esfuerzos por cambiar. Es posible que la persona con quien tienes una relación de codependencia no se dé cuenta de que el problema es el ciclo de la propia relación. En el paso anterior hablábamos del relato de la víctima, y a muchos nos resulta mucho más fácil mirar fuera de nosotros para determinar por qué no somos felices. Es posible que la otra persona de la relación, lamentablemente, piense que tú tienes la culpa. Que si fueras menos desvalido o sensible, todo se desarrollaría con suavidad y sin tropiezos entre vosotros dos. Es una actitud injusta. En cualquier relación, la homeostasis exige que ambas personas la mantengan. En otras palabras, tu pareja desempeña un papel igual que el tuyo en cualquier aspecto de tu relación que en su opinión «no funciona». Pero, aunque te eche la culpa, sigue siendo verdad que eres responsable de tu propio cuidado, y puedes desentenderte de la homeostasis para concentrarte en tu propio cambio.

NO PUEDES CAMBIAR A LA OTRA PERSONA

Puede ser doloroso que tu pareja no esté dispuesta a cambiar contigo; incluso puede desencadenar algunas creencias negativas fruto de la vergüenza. Sin embargo, esa negativa a cambiar de la otra persona no tiene nada que ver con que no puedes cambiar a nadie. Al contrario, subraya la propia naturaleza de las relaciones codependientes. Tu pareja tiene razones para estar satisfecha de cómo van vuestras relaciones o simplemente no siente la necesidad de cambiar. Hay que repetir que no se trata de tu valor fundamental. Practica el desapego y recuérdate que no puedes cambiar a nadie. Puedes albergar la esperanza de que en el futuro los dos os recuperaréis, pero es fundamental que prosigas el camino que te lleve a cuidar de ti y a la recuperación. Este es el auténtico camino de salida de la codependencia.

OCUPARTE DE LA SOLEDAD

No contar con una persona a tu lado que te acompañe en tu recuperación puede producirte un sentimiento de soledad. No obstante, sigues disponiendo de ayuda. A medida que te vayas curando, es importante que te concentres en el cuidado de ti mismo, pero la persona interdependiente también acepta la ayuda. Hablaremos de ello más adelante.

EJERCICIO: Identificar las estrategias de respuesta que sean perjudiciales

En este ejercicio, señala de esta lista algunas de tus estrategias de respuesta que te sean perjudiciales. Además, si en la lista no aparece cualquier otra conducta tuya, por favor, escríbela en tu diario. A continuación, reflexiona sobre lo siguiente: ¿en tu caso destaca alguna de estas afirmaciones? Piensa en las consecuencias negativas de ese comportamiento. ¿Estás dispuesto(a) a cambiarlo?

- Cuando he tenido una semana de mucho trabajo, me recompenso pasándome de mi presupuesto.
- Después de una larga jornada de trabajo, me atiborro de tentempiés, como patatas fritas o *cookies*.
- Si estoy estresado(a), me guardo mis preocupaciones y me refugio en casa todo el fin de semana.
- Me he cortado o quemado para lidiar con mi dolor/estrés/ira.
- Les digo a las personas lo que realmente pienso de ellas y me enzarzo en batallas verbales y/o físicas.
- Me preocupa mirar tanta pornografía y/o masturbarme tan a menudo.

- He engañado a mi pareja para sentirme mejor y/o para tomarme la revancha.
- A veces recurro al alcohol o las drogas para relajarme.
- No tomo los medicamentos que me han recetado.
- Como menos o cuento obsesivamente las calorías para sentir que «me controlo».
- Cometo actos ilegales, por ejemplo robar en tiendas, practicar sexo en público o realizar actos vandálicos.
- A veces me pongo furioso(a) al volante y desde el coche increpo a otros conductores.
- Duermo en exceso para «evadirme».
- Juego apostando dinero y no soporto perder.
- Tomo demasiada cafeína en vez de dormir lo suficiente.
- Me pierdo eventos sociales con los amigos o la familia para trabajar muchas horas o renuncio a las vacaciones o días de descanso pagados.

El cuidar de uno mismo no tiene nada que ver con autolesionarse ni con adoptar conductas poco saludables. El autocuidado es la práctica con la que podemos conectar con el amor propio. Si realmente nos queremos, no nos maltrataremos ni abandonaremos. El autocuidado nos permite afrontar la vida con amor y respeto. Empezamos por cuidar de nuestra salud mental, física y social, como hacen los padres con sus hijos.

Tómate en serio el autocuidado

Al principio de la recuperación, cuidar de uno mismo puede ser difícil, porque el autoabandono es el sello distintivo de la codependencia. Pero permíteme felicitarte por algo: ya has empezado la práctica del autocuidado al ponerte a leer este libro. Aprender a cuidar de uno mismo puede ser agotador, por lo que creo que conviene comenzar por lo fundamental: el sueño, la alimentación, el ejercicio físico y el cuidado médico rutinario. Atribuyo como mínimo la mitad de mi recuperación a una atención permanente a la dieta y el ejercicio, lo cual cambió de modo inmediato mi estado de ánimo. Este efecto positivo me permitió pensar con mayor claridad y dar los pasos necesarios para cambiar mis conductas y relaciones. Lo interesante es que sabemos que el intestino es nuestro «segundo cerebro» por diversas razones, y una de las importantes es que el noventa y cinco por ciento de la serotonina se encuentra en él. La serotonina es un neurotransmisor que ayuda a regular el estado de ánimo, el sueño, el deseo sexual y la memoria. Se ha relacionado la depresión con unos bajos niveles de serotonina. Está demostrado que una dieta rica en fruta y verdura, además de cereales integrales y alimentos fermentados, es ideal para la salud de los intestinos. Todo lo que te pido es que intentes hacer cuanto puedas por cuidarte. No has de ser una rata de gimnasio ni un obseso de la salud; simplemente estar dispuesto a vivir la vida cuidándote más.

ERES VALIOSO

Cuidar de uno mismo no significa ser egoísta ni indulgente. Al contrario, es la práctica de respetar los ritmos naturales de la vida: está el tiempo de la siembra y el tiempo de la cosecha. Vivir de modo equilibrado y satisfactorio nos exige reconocer que el descanso y el juego son tan importantes como trabajar y producir. Sin autocuidado, el cuerpo se quiebra. Es habitual que las personas codependientes se agoten hasta el punto de padecer enfermedades frecuentes, problemas con el sistema inmunitario o dolores de cabeza debidos al abandono propio. Después de todo, podemos conducir un coche nuevo durante un par de años, pero sin el mantenimiento rutinario acabará por tener alguna avería grave, de modo que nos salga más a cuenta cambiar de coche. No podemos cambiar de cuerpo, así que cómo lo tratemos puede tener consecuencias positivas o negativas. Te mereces la salud mental, emocional y física; por lo tanto, tienes derecho a cuidarte.

¿QUÉ TE DIVIERTE?

Un obstáculo importante para el autocuidado es ser inconsciente de lo que nos nutre o nos alegra. El cuidado propio es el alimento para todo nuestro ser. Alimentamos nuestra identidad social relacionándonos con la comunidad. Nutrimos la mente mediante prácticas como la terapia o la medicación, cuando sea necesario, pero también aprendiendo a ser creativos y permitiéndonoslo. Si el yo espiritual es importante, practicamos el cuidado propio yendo a la iglesia o participando en una comunidad cuyos miembros tengan ideas similares a las nuestras.

Al principio, es posible que debamos dedicarnos a averiguar todo aquello que nos divierte. Al fin y al cabo, la mayoría de nosotros tenemos cosas ajenas al trabajo que, aunque sea moderadamente, nos apasionan, por ejemplo la cocina, la música o la jardinería. Piensa en los pequeños extras de la vida que te aportan una sensación de felicidad, como puede ser el sonido de las campanillas de viento que cuelgan en tu porche, o un cuadro bonito sobre la cabecera de tu cama, o las velas aromáticas. Empieza por incorporar estas cosas a tu vida cotidiana para que te alimenten de forma permanente.

PRACTICA LA GRATITUD

Es habitual que nos obsesionemos por lo que no va bien en nuestra vida, pero en la recuperación aprendemos a poner el foco en lo que ya va bien. Todo aquello de nuestra vida que sea bueno nos ayuda a comprender que tenemos razones para estar agradecidos *ahora*. Numerosos estudios demuestran que centrarse en la gratitud nos hace más felices, reduce el estrés y hace que nos sintamos más satisfechos con nuestras relaciones.

Durante unos meses, llevé un diario de agradecimientos. Todas las mañanas, escribía en él tres cosas por las que me sentía agradecida. Empecé por observar lo bueno de mi vida, por ejemplo que alguien me dejara incorporar a la atiborrada fila de coches o un amable extraño que me sonreía y saludaba con alegría. Me di cuenta de cómo me animaban estas cosas al percatarme de la desinteresada energía que me proporcionaban. Evidentemente, ya tenemos una lista de cosas que apreciamos, como la familia o los amigos, pero en lugar de anotarlas de forma automática, intenta aprovechar la fuerza emocional de nuestra gratitud. Este ejercicio me empujó a ser creativa.

EJERCICIO: Programa de autocuidado

En el proceso de recuperación, el autocuidado es un objetivo permanente. Puede atemorizar, pero con la suficiente práctica, pasa a ser algo natural que se integra en tu vida cotidiana. Hoy estructuro mi vida de forma completamente distinta de como lo hacía antes de mi recuperación, cuando un día cualquiera podía consistir en trabajar, ver la tele, navegar por la Red y contarle a algún amigo todas mis miserias. Lo que sigue es una muestra del programa de mi vida actual:

- Me levanto con tiempo suficiente para no tener que salir corriendo hacia el trabajo.
- Me preparo o elijo una comida sana. He descubierto que si cedo a la tentación de los fritos o el azúcar, me cuesta mucho trabajar por las tardes porque me dejan sin fuerza, algo que me enerva.
- Durante el trayecto al trabajo escucho algún pódcast entretenido.

El *mindfulness*: ¿cómo ayuda?

Una de las mejores formas de empezar a cultivar la alegría y la práctica del cuidado de uno mismo es aprender a ser plenamente consciente de todo lo positivo que nos acompaña. Puede ser algo tan sencillo como tomar una excelente taza de café, escuchar un pódcast interesante mientras nos dirigimos al trabajo, ver cómo el árbol que plantamos empieza a dar fruto, dar un paseo con nuestros hijos después de cenar o entrar en una librería a hojear libros. Cuando tu atención pasa a darle vueltas a algo que no te gusta o que quieres cambiar, dirígela hacia otra cosa y piensa con curiosidad en el momento presente. A veces hemos de luchar contra nosotros mismos para encontrar lo bueno de cualquier momento dado. Por ejemplo, podemos estar atrapados en una reunión tediosa, pero también podemos observar que llevamos la ropa de trabajo con la que mejor nos sentimos y prestar atención a la suavidad de la tela cuando nos roza la piel. Continuar pasando el foco al momento presente mientras aprendemos a observar lo que es bueno puede mejorar significativamente tu perspectiva y tu estado de ánimo.

- Llego al trabajo y me concentro en hacer una lista con mis tareas del día.

- Me aseguro de tomarme un descanso a mediodía, aunque solo sea de veinte minutos. Necesito este tiempo para cargar las pilas. Si las condiciones atmosféricas lo permiten, también doy un pequeño paseo alrededor del edificio donde se encuentra mi oficina, para despejarme un poco.

- Al terminar la jornada de trabajo, vuelvo a casa en coche y llamo a mi mejor amiga.

- Antes de cenar hago algún ejercicio suave de yoga.

- Tomo zinc, un probiótico y melatonina (si es necesario).

- Me masajeo los pies.

- Me froto las muñecas con aceite de lavanda.

- Miro un vídeo sobre la respuesta sensorial meridiana autónoma (ASMR, por sus siglas en inglés),* o practico una meditación guiada.

- Me acuesto temprano para dormir toda la noche.

Para este ejercicio, piensa en un día típico con sus exigencias habituales, como la de ir a trabajar o cuidar de los niños, y empieza por contemplar los ámbitos en los que ya haces cosas que ansías hacer. Por ejemplo, tal vez charlas a menudo con un amigo mientras esperáis a la puerta de la escuela de vuestros hijos para

---

* N. del T.: Se trata de una sensación física y psicológica que aporta calma y tranquilidad a quien la experimenta. Las personas capaces de experimentar los efectos del ASMR notan un hormigueo en la parte de atrás de la cabeza y el cuello, un ritmo cardiaco pausado y un estado de relajación. Los expertos parecen concluir que aporta beneficios para la salud mental similares a los de la meditación o la técnica del *mindfulness*.

recogerlos, o siempre te aseguras de acudir al encuentro mensual de tu club literario. Además, recuerda que la finalidad de este ejercicio es sumar pequeños placeres para relajarte y disfrutar de la vida. Piensa por dónde quieres empezar, por ejemplo por hacer más ejercicio físico o dormir más, y considera cómo puedes incorporar estas actividades poniendo notas sobre ellas en tu diario. Perfila un programa que creas que es realista teniendo presente que debes cuidar de ti mismo(a).

EJERCICIO: Observar las emociones

Las emociones dan información sobre nuestro estado en cualquier momento dado. No existen emociones malas. Pero sí hay sentimientos incómodos y cómodos. Antes incluso de que sepamos lo que sentimos, si es agradable o desagradable, nuestras emociones se originan en nuestro cuerpo, una verdad que subrayan frases como: «Me pone de los nervios», «Me saca de quicio» o «Sentía que me hervía la sangre».

Aprender a sintonizar con las sensaciones físicas de nuestras emociones es extremadamente revelador. Este ejercicio demostrará que las emociones, cuando se lo permitimos, avanzan y se alejan de nosotros. Somos responsables de agasajarlas en lugar de reprimirlas. Por ejemplo, recuerda alguna vez que lloraste. En medio del llanto, es posible que pensaras que tu dolor no se acabaría nunca, pero, al cabo de cierto tiempo, empezaste de nuevo a respirar más profundamente y te sentiste un tanto aliviado(a). En tu diario escribe algunas notas sobre lo siguiente:

PIENSA EN ALGÚN MOMENTO EN QUE TE SINTIERAS ENO-JADO: piensa en la situación, quién estaba ahí y qué ocurría. Respira profundamente y observa qué hacen tu cuerpo y tu respiración en ese momento. Tal vez aguantas la respiración o cierras el puño. Toma nota de cómo le sienta la ira a tu cuerpo.

PIENSA EN ALGÚN MOMENTO EN QUE TE SINTIERAS CUL-PABLE DE ALGO: piensa en la situación, quién estaba ahí y qué ocurría. Respira profundamente y observa qué hacen tu cuerpo y tu respiración en ese momento. Es posible que observes cambios en el vientre. Toma nota de cómo le sienta la culpa a tu cuerpo.

PIENSA EN ALGÚN MOMENTO EN QUE TUVIERAS MIEDO O SINTIERAS ANSIEDAD: piensa en la situación, quién estaba ahí y qué ocurría. Respira profundamente y observa qué hacen tu cuerpo, fijándote de modo especial en tu pecho, y tu respiración en ese momento. Es posible que observes cambios en el vientre. Toma nota de cómo le sientan el miedo y la ansiedad a tu cuerpo.

PIENSA EN ALGÚN MOMENTO EN QUE TE SINTIERAS AVERGONZADO(A) O COHIBIDA(O): piensa en la situación, quién estaba ahí y qué ocurría. Respira profundamente y observa qué hacen tu cuerpo y tu respiración en ese momento, fijándote de modo especial en el vientre. Toma nota de cómo le sienta la vergüenza a tu cuerpo.

PIENSA EN ALGÚN MOMENTO EN QUE SINTIERAS AMOR: piensa en la situación, quién estaba ahí y qué ocurría. Respira profundamente y observa qué hacen tu cuerpo y tu respiración en ese momento. Toma nota de las sensaciones que acompañan a tu sentimiento de cariño.

PIENSA EN ALGÚN MOMENTO EN QUE TE SINTIERAS ALE-GRE: piensa en la situación, quién estaba ahí y qué ocurría. Respira profundamente y observa qué hacen tu cuerpo y tu respiración. Toma nota de cómo te sienta la alegría.

Es posible que al principio no te des cuenta de las sensaciones físicas que acompañan a todas las emociones. No te preocupes, es normal. Limítate a practicar la sintonización cuando sientas algo. Observa qué hace tu cuerpo, porque te ayudará a conocer mucho antes lo que sientes y lo que necesitas, y puede advertirte de que debes practicar el autocuidado.

Buscar ayuda

Como te decía, es posible que la otra persona de tu relación codependiente no esté motivada para cambiar. Es habitual sentirse como una carga y hace falta muchísimo coraje para buscar ayuda. No estamos destinados a vivir aislados. Pedir ayuda no tiene nada de vergonzoso. No es una sola persona quien ha de sembrar el trigo, segarlo, molerlo para obtener la harina, cocer el pan y preparar las comidas. Aceptar la ayuda es fundamental para mantenernos sanos.

LA FAMILIA Y LOS AMIGOS

Si tienes confianza con alguien de tu familia, piensa en exponerle tu intención de recuperarte. Puede que al principio te dé miedo, pero practica dirigirte a esta persona cuando sientas que necesitas ayuda. Parte del cuidado de uno mismo es saber cuándo necesitas ayuda y, a continuación, pedirla.

EL TRABAJO CON EL TERAPEUTA

El terapeuta puede ser un aliado que te sorprenda. Juntos vais a elaborar un plan que oriente de la mejor manera tu recuperación. Algunas personas tienen sentimientos negativos sobre la terapia debido a experiencias anteriores lamentables. Te animo a que, si te lo puedes permitir, lo intentes de nuevo. Puede que tengas que hacerlo varias veces hasta dar con el terapeuta que tú necesitas, pero cuando lo encuentres, puede ser una fuente de una fuerza extraordinaria que te puede cambiar la vida.

LAS REUNIONES DE LOS DOCE PASOS

Hay numerosas comunidades de doce pasos para personas que se enfrentan a determinados problemas. Algunas son conocidas, como Al-Anon (Alcohólicos anónimos), CODA (Hijos oyentes de padres sordos) o SLAA (Adictos anónimos al sexo y el amor), pero hay reuniones también para quienes tienen estrategias de respuesta poco saludables, por ejemplo comer en exceso, el juego o trabajar demasiado. En una comunidad de doce pasos, no solo cuentas con el apoyo anónimo de quienes tienen contigo una relación íntima, sino también la oportunidad de encontrar a un tutor, alguien que haya hecho el trabajo de los doce pasos y ahora, como parte de su recuperación, contribuye a orientar a otra persona en ese mismo proceso. Esta relación ha sido increíblemente estimulante para muchos. La asistencia a las reuniones es voluntaria, por supuesto, porque no todo el mundo sintoniza con la filosofía de los doce pasos, lo cual no supone ningún problema: el objetivo de tu recuperación es encontrar el cuidado que satisfaga tus necesidades personales.

FORMAS PARTE DE TU EQUIPO DE APOYO

Centrarse en lo positivo es una parte del autocuidado tan importante como la de realizar actividades satisfactorias. Recuérdate que has cumplido con tu parte. Cuando me obsesiona la idea de que tengo que hacer más, pienso en la película *Babe, el cerdito valiente* y en el granjero que a veces le decía al cerdo: «Funcionará, cerdo; funcionará». Lo mismo puede aplicarse a cada uno de nosotros. Recuerda que ni en la vida ni en la recuperación podemos hacer las cosas de modo perfecto, así que debemos celebrar consciente y positivamente cada éxito que consigamos.

EJERCICIO: ¿A quién puedes recurrir?

Lo ideal es que tengamos un mínimo de dos o tres personas a las que podamos recurrir cuando necesitemos ayuda. Sin embargo, no todos tenemos amigos ni una familia en quien creamos que podemos confiar. Pero no importa: recuerda que podemos obtener ayuda en otros sitios. Para este ejercicio señala al menos a dos personas de tu vida a quienes les puedas contar tu proceso de recuperación. Identifica cualquier pensamiento o creencia que te pueda impedir recurrir a ellas y señala las potenciales consecuencias positivas de hablarles. Si no se te ocurre nadie, por favor, piensa en un tutor o terapeuta. Tal vez quieras sopesar las ventajas y los inconvenientes de hacerlo, pero recuerda que el objetivo de la recuperación es la interdependencia, lo cual pasa por buscar ayuda.

DEMOS UN PASO MÁS

En este paso hemos hablado de la importancia que la práctica del cuidado de uno mismo tiene para la recuperación de la codependencia y para mejorar y mantener nuestra salud mental y física. El hecho de cuidarnos hace que avancemos hacia el amor propio. Desarrollar la práctica del autocuidado requiere tiempo y compromiso, pero es necesario seguir con este trabajo.

1. En este punto es habitual seguir sintiendo aún cierto recelo hacia el valor del autocuidado. Si este es tu caso, reflexiona sobre las consecuencias negativas que, dentro de cinco o diez años, puede tener para ti y para tus seres queridos que sigas posponiendo el cuidarte. Compara las ventajas y los inconvenientes de no cambiar con los de practicar el autocuidado. Observa también las cosas que valoras y cómo el autocuidado las refuerza. Por ejemplo, si valoras el tiempo que dedicas a la familia, puedes darte cuenta de que negarte a cuidar de ti mismo(a) ahora puede acabar por reducir el tiempo que pases con tus nietos si desarrollas dolencias crónicas.

2. Cuando valoramos a los demás más que a nosotros mismos, es habitual olvidarnos de nosotros, incluso maltratarnos con ciertos comportamientos que decimos que nos ayudan a relajarnos. Proponte reducir

esas conductas, un propósito que suele ser más fácil de hacer realidad si sustituimos ese comportamiento por otro nuevo y más sano. Por ejemplo, si sueles llegar a casa después de una larga jornada y te dedicas a comprar *online* productos que no te puedes permitir (con lo que generas más estrés), tal vez te convenga que, en su lugar, disfrutes de un baño caliente. Cada vez que no adoptas una conducta perjudicial y te decides por otra más sana, estás un paso más cerca de cuidar realmente de ti. No es necesario que te abstengas por completo de la conducta que quieres sustituir; el objetivo es que decidas cuidarte más a menudo que abandonarte.

3. Reflexiona sobre el programa de autocuidado y lo realista que pueda ser para ti en este momento. En la recuperación practicamos el autocuidado a diario, pero no hay que obsesionarse por «contar». El simple hecho de respirar profundamente unas cuantas veces antes de preparar la cena para la familia, o de estirarse después de una reunión de trabajo, ya significa progresar. Todo lo que se necesita son esfuerzos constantes, pero sencillos, hacia el autocuidado.

Paso 3

Establece límites

A sus cuarenta y tres años, Lori no entiende por qué, pese a que ha sabido alcanzar el éxito profesional y ha construido una magnífica comunidad de amigos y familiares, nunca ha sido capaz de mantener una relación duradera. Sus amigos le dicen que es atractiva, amable y divertida. Sale con hombres, pero nunca ha conseguido que alguno se comprometiera de verdad.. Está convencida de que solo atrae a hombres no disponibles y duda incluso de que exista eso de un hombre disponible e interesante al que se pudiera unir por una pasión y un amor mutuos. Debido a este escepticismo, aunque piensa que realmente quiere comprometerse, a menudo recicla antiguos novios que ya le hicieron daño en el pasado. Cuando se reconcilian, ella siempre les advierte que es su última oportunidad. Se considera una romántica desesperada y está convencida de que las personas pueden cambiar. En consecuencia, antes de hablarles de sus límites y sus necesidades, se acuesta con ellos. Después se arrepiente aún más de tal decisión cuando, de nuevo, los demás no están dispuestos a comprometerse a mantener una relación. Después de cierto tiempo de salir con ellos de manera informal, el dolor hace que los deje. Dice que no lo volverá a hacer, pero cuando se siente sola, el ciclo se repite.

¿Qué quieres?

Fijar unos límites saludables nos permite transformar radicalmente nuestra vida. Es algo parecido a los límites que establece la valla que rodea una casa. La valla deja que los demás entren, pero también nos protege de palabras, expectativas y comportamientos dañinos. Nos preocupamos por los demás, pero también mimamos lo que nos conviene. En la codependencia, vivimos en un estado de extremos en lo que a los límites se refiere. A veces no pones límite alguno y sientes cómo los demás te pisotean. Cuando el dolor que tal situación te produce es excesivo, puedes desconectar por completo de los demás. Sin unos límites sanos, nos abandonamos, lo cual nos puede llevar a la autoaversión o a perder el sentido de quiénes somos. Los buenos límites nos ayudan a protegernos de modo que sintamos respeto y cariño por nosotros mismos, exactamente igual que la valla que protege una casa sin dejar a los demás completamente fuera.

¿Qué te molesta?

Antes de fijar nuestros límites, primero hemos de determinar qué son. Cuando te pongas a hacerlo, presta atención a tus palabras y emociones. Si te sientes resentido o te sorprendes diciendo cosas del tipo: «No lo puedo soportar» o «No puedo creer que sigas haciéndome esto», has identificado un límite personal. Además, como veíamos en el paso 2, «Da prioridad a cuidar de ti mismo» (página 99), aplicar el *mindfulness* a tus propias emociones físicas puede darte mucha información. Cuando interactúas con los demás, el cuerpo te da pistas sobre lo que te funciona y lo que no. Por ejemplo, si el estómago te da un vuelco o si el pecho se te tensa cuando la persona con la que has empezado a salir dice que solo quiere algo informal, es un signo evidente de que lo que vayáis a hacer no satisface tus necesidades. En cambio, si mantienes el cuerpo relajado y atento cuando otros te hablan de sus expectativas, sabrás que la situación se ajusta a lo que parece ser bueno para ti. Construir la conciencia de la verdad propia es una práctica continua, y para orientarte puedes utilizar el siguiente ejercicio.

EJERCICIO: Imagina tus límites

Resérvate un poco de tiempo para estar a solas y escribir una lista de creencias en tu diario. Incluye en ellas afirmaciones que sepas que para ti son verdad, además de otras que sabes que no lo son pero que otras personas esperan de ti, por ejemplo: «Creo en Dios», «Valoro mucho el hecho de ser padre o madre» o «Es importante tener hijos». En esta lista, incluye también algunas ideas que hayas recogido de tu familia o cultura, por ejemplo: «Los errores son inaceptables» o «Buscar el trabajo mejor remunerado es más importante que alcanzar otro tipo de objetivo». A continuación, deja la lista de lado y empieza a visualizar tu límite. Si quieres puedes grabar lo que sigue para que te ayude a orientarte.

Cierra los ojos e imagina que tienes un rotulador del color que prefieras. Empieza por trazar un círculo a tu alrededor e imagina que este círculo va creciendo en torno a ti en forma de luz. Respira profundamente mientras dejas que esta luz forme una burbuja que te envuelva. En esta burbuja, decide lo que sea verdad en tu caso y lo que no lo sea. Ahora, lee tus afirmaciones y observa la reacción de tu cuerpo. Si piensas que una afirmación es verdad, estira el brazo e introduce esa declaración en la burbuja. Si crees que no es verdad en tu caso, extiende el brazo haciendo un gesto de *stop* y di en voz alta: «Esto no es verdad» o «Esto no encaja», y deja esa afirmación fuera.

Tómate tu tiempo para escribir en el diario acerca de lo que hayas observado sobre ti. ¿Qué se siente al imaginar esta burbuja continuamente a tu alrededor, protegiéndote de las palabras y las expectativas de los demás de manera que puedes sopesar, antes de reaccionar, si estas se corresponden con tus necesidades?

Al principio, a algunas personas les es difícil visualizar su burbuja. La simple observación de que podamos protegernos así es un paso importante y, a veces, estremecedor hacia la recuperación.

Si te cuesta ver la burbuja a tu alrededor, reflexiona sobre lo siguiente y escríbelo en tu diario:

1. Al ir haciéndote mayor, ¿qué mensajes recibiste sobre quienes establecen o no establecen límites? A veces, estos mensajes son verbales, por ejemplo cuando la madre se queja de que su hermana es «egoísta» si declinó una invitación a alguna celebración familiar. También pueden ser callados, como los de ese padre que siempre dice que no. ¿Qué te decía todo esto?

2. Reflexiona de nuevo sobre las creencias nucleares que identificaste con la «Técnica de la flecha descendente» (página 82). ¿Alguna de ellas podría impedirte que establecieras unos límites? Por ejemplo, si crees que no puedes depender solo de ti, es probable que te dé miedo empezar a levantar una saludable barrera que te separe de los demás, lo cual es necesario para llegar a ser independiente.

3. ¿Crees que cuando te proteges te aíslas? ¿Qué necesitas para confiar en ti o sentirte cómodo(a) al aprender a autoprotegerte? A partir de la respuesta que des, intenta formular un mantra para tu uso, por ejemplo: «Autoprotegerme es un acto de amor a mí mismo(a) y a los demás, porque de este modo podemos tener una relación saludable».

Sigue trabajando en esta visualización. Puedes hacerlo en cualquier parte, mientras estás en cola en el supermercado o en el sosiego de tu casa. Además, repite tu mantra. Es un ejercicio que puede requerir práctica: en la codependencia tenemos mucha experiencia en estar desprotegidos, de modo que el simple hecho de ser sincero(a) y paciente contigo mismo mientras creas tu burbuja es un paso importante hacia la recuperación.

ESTÁ BIEN ESTABLECER LÍMITES

Las personas que cuentan con unos límites sanos saben que aportan muchas cosas positivas a las relaciones solo por ser como son de forma natural. La base de sus relaciones no es el deber, la obligación ni la desesperación. Están convencidas de que hay gente en este mundo que las valora lo suficiente para respetar sus límites. Al principio de la recuperación, evidentemente, es habitual pensar que poner límites a los demás es de antipáticos o mezquinos. Pero respetar los límites es la mejor muestra de cariño que podamos dar. Después de todo, es una demostración de sinceridad y evita que se genere un resentimiento injusto hacia los demás.

Tipos de límites

En este apartado voy a resumir algunos tipos básicos de límites. Puede haber algunos valores en los que todos estemos de acuerdo, como la necesidad de seguridad física, pero en general los límites son exclusivos de cada persona. La razón es porque reflejan nuestros propios valores y modos de entender la verdad. Nuestros límites pueden ser flexibles, porque pueden depender de la relación o de cómo nos sintamos. Dejarás que tu padre te dé un abrazo, pero tal vez no te sientas cómodo si es tu supervisor quien te lo da. O quizá por lo general quieras contárselo todo a tu mejor amigo, pero una noche te sientes cansado e irritable y dejas para mañana esa llamada que tenías prevista. En la codependencia, muchas veces negamos nuestros límites y, en consecuencia, nos faltamos el respeto propio. Es importante que comiences a respetar tus límites personales, cualesquiera que sean.

LÍMITES MATERIALES

Los límites materiales se refieren a cómo te sientes si otros individuos utilizan, tocan o exploran tus pertenencias personales y cómo valoras el modo de manejar tu dinero. Es importante considerar lo que piensas de tus pertenencias y tu dinero y reconocer tus límites personales. Tienes derecho a que se respete tu límite personal, sea el que sea. Por ejemplo, a Lori le puede parecer bien prestar su ropa o sus libros a sus amigos, pero nunca se siente cómoda si tiene que hacer lo mismo con el dinero. En su codependencia, es posible que haya prestado dinero a otras personas, aunque le molestara mucho hacerlo, pero ahora, en pleno proceso de recuperación, cuando otros le piden que les preste dinero siempre se niega a hacerlo.

LÍMITES FÍSICOS

Los límites físicos se refieren a tu cuerpo, incluidos la seguridad, el afecto y los comentarios y expectativas sobre él. La violencia física es una clara ruptura de los límites físicos. Es posible que a veces quieras fijar límites también sobre las expectativas culturales referentes a tu cuerpo. Hay también personas que se entrometen en tu espacio físico. Es importante que tú mismo y los demás respetéis estos límites. A los niños se les suele decir que se respeten mutuamente su «burbuja», lo cual subraya la necesidad de disponer de un espacio propio que nos separe de los demás. Esta necesidad de distancia física puede ser flexible. Por ejemplo, Lori se puede sentir cómoda al mostrarse afectuosa con alguien con quien lleva saliendo cierto tiempo, pero le incomoda que un hombre al que acaba de conocer se siente a su lado y le roce el muslo. Una estrategia para poner límites a nuestro espacio físico es dando pistas, como cerrar la puerta de casa o del despacho, o llevar auriculares mientras trabajamos.

LÍMITES MENTALES O EMOCIONALES

Cuando nuestros límites mentales y emocionales están intactos, reconocemos que tenemos el derecho a tomar nuestras propias decisiones, el derecho a nuestra propia realidad y el derecho a nuestros sentimientos, sin que importe cómo reaccionen los demás. Tenemos derecho a pensar qué entendemos por sinceridad, pero también a cambiar nuestro sistema de creencias. Por ejemplo, podemos estar afiliados a un determinado partido político toda la vida, pero, con el paso del tiempo, es posible que cambiemos de opinión. Valoramos nuestros sentimientos y el derecho a nuestra realidad. Con unos límites mentales sanos, protegemos nuestras ideas al tiempo que las inculcamos a los demás. Por ejemplo, es posible que a Lori le apasionen sus ideas religiosas, pero respeta que algún amigo íntimo no sienta lo mismo, por lo que evita hablar de religión con él.

También sabemos que tenemos derecho a la privacidad. Podemos tener una relación muy cercana e íntima con otras personas y, al mismo tiempo, mantener nuestra independencia. No tiene nada que ver con secretos; sencillamente no queremos compartir todo lo que pensemos o sintamos, para así tener una auténtica intimidad.

LÍMITES SEXUALES

Los límites relativos a la identidad sexual de la persona pueden depender de la relación, el momento y el lugar. Por ejemplo, puedes tener una pareja sexual íntima en la que confías, pero no quieras acostarte con ella en casa de tus padres cuando están de vacaciones. Con unos sanos límites sexuales, nos honramos de no deber nuestra sexualidad a nadie. Además, protegemos nuestra salud sexual mediante conversaciones sinceras y prácticas sexuales más seguras. Antes de tener relaciones sexuales con otra persona, Lori quiere que esta se comprometa, pero no suele prestar atención a sus límites sexuales. Lamentablemente, cuando olvidamos nuestros límites personales —sean emocionales, físicos o sexuales— a menudo nos sentimos dolidos, airados y victimizados cuando la verdad es que no *nos* protegimos, lo cual es responsabilidad nuestra.

Reivindicar los límites

Una de las partes más difíciles —pero más gratificantes— de la recuperación de la codependencia es la práctica de reivindicar nuestros límites. Es un acto que exige conciencia de uno mismo, comprometernos a autorrespetarnos y a reconocer nuestro valor intrínseco y reaprender formas efectivas de comunicarnos. Muchas personas codependientes batallan por tener una comunicación clara y segura, y confían en exceso en formas pasivas o pasivo-agresivas de compartir necesidades, sentimientos y límites.

Cuando reivindicamos nuestros límites, conseguimos el sentimiento de empoderamiento y control en el mundo. No podemos controlar a los demás, pero es indudable que tenemos el poder de que se respeten nuestros límites. Después de empezar a fijar límites, muchas personas me dicen que no se imaginaban que iba a serles tan liberador. En última instancia, hace falta mucha menos energía física para determinar unos límites sanos y emocionales que para salir adelante sin ellos. Evitamos que prosperen el estrés y el resentimiento y dejamos de quedarnos atrapados en nuestros pensamientos obsesivos sobre el peor escenario posible, porque nos reivindicamos con mayor frecuencia cuando hemos de hacerlo. Ya no empleamos el tiempo en imaginar catástrofes ni en dictar las reacciones a quienes nos sentimos apegados. Cuando imponemos nuestros límites, vivimos también con honestidad, lo cual refuerza el respeto por nosotros mismos.

SER CLAROS

Cuando estamos aprendiendo a reivindicarnos, es posible que deseemos extendernos desmesuradamente en dar explicaciones de nuestros límites o en disculparnos por haberlos fijado. Sin embargo, tales explicaciones y disculpas son más eficaces si son breves, de modo que no debilitemos nuestras posiciones ni confundamos a la otra persona. Cuanto más podamos hablar de modo inmediato y sin reservas en su momento, más claras estarán las cosas. Por ejemplo, si la persona con la que sale Lori le dice «en broma» que no se entera, ella puede responderle con toda claridad: «Por favor, no te burles de mi inteligencia; me hiere los sentimientos».

REACCIONAR ADECUADAMENTE

Es posible que otras personas cuestionen nuestros límites y, por ello, no los respeten o pongan en entredicho su validez. Recuerda que tienes derecho a tus límites personales por mucho que alguien te diga que no opina lo mismo. Cuando así ocurre, acuérdate de ser claro y coherente. Si esa pareja de Lori le dice que no sea tan sensible, que solo era una broma, ella puede respirar profundamente y recordarse que tiene derecho a no permitir que los demás le hablen groseramente. De este modo, puede afirmar de

Imagen de unos límites saludables

Las relaciones codependientes se pueden reparar, y es fundamental que, mientras practicas el desapego, te concentres en tus
propios límites personales. Cuando fijamos nuestros límites y
nos centramos en ellos, puede asustarnos: en algunas ocasiones
esas relaciones pueden acabar si la otra persona no los respeta.
Sin embargo, es probable que influyamos de forma positiva en
nuestros seres queridos. Pondré un ejemplo a continuación.

Mi madre me tuvo siendo ella aún adolescente y a menudo me
trataba como a una amiga. Por ejemplo, me hablaba muchísimo
sobre los problemas y la vida de los adultos de mi familia. Ante
esto, yo tampoco respetaba sus límites y me sentía falta de control e impotente. Cuando por fin me fui de casa al graduarme
en la universidad, sentí mucho dolor, resentimiento y confusión
hacia mi madre. No sabía cómo interpretarlo mientras mante-
níamos nuestra relación, así que levanté un muro desmesurado
que me tuvo incomunicada con ella durante un año. No tenía ni
idea de lo que mi madre haría durante ese tiempo, pero di prioridad a mi curación.

Cuando nos reconciliamos, descubrí que mi madre aprovechó ese tiempo de separación para ocuparse de su propia curación y seguir una terapia personal. Desde entonces, se ha entregado por completo a su trabajo de recuperación, como yo he hecho. Cuando me reservé tiempo para curarme, no podía imaginar cómo sería mi reconciliación con mi madre. Al respetarnos mutuamente nuestros límites, hoy mantengo con ella la relación que en su momento temía que era imposible.

Pasar a ser interdependiente con mi madre ha sido para mí un regalo inimaginable, pero he de señalar que no todas las relaciones se curan cuando fijamos unos límites saludables. Las otras personas tienen derecho a cambiar –o no cambiar– y cuando estableces unos límites las invitas a que cambien contigo para crear una relación más sana, pero no están obligadas a hacerlo. Todos tenemos derecho a decidir nuestros valores y tomar nuestras decisiones. Lamentablemente, perdí algunas relaciones cuando decidí comprometerme a imponer unos límites sanos, porque eran personas que querían que las quisiera de una forma que era incompatible con quererme a mí misma.

nuevo: «Entiendo que no pretendías hacerme daño, pero esas expresiones siempre hieren, en cualquier circunstancia. Así que, por favor, te pido que lo tengas en cuenta». Un ejercicio de *mindfulness* puede ayudarnos a seguir en pie sin tambalearnos aunque otros traspasen nuestros límites. Cualquiera que sea la interpretación que hagan de ellos, tenemos la responsabilidad de protegerlos.

MANTENERSE FIRMES

Al principio, trazar y mantener unos límites requiere mucho esfuerzo y entrega, pero te prometo que la energía, el respeto a ti mismo y las relaciones más sanas que te reporta hacen que merezca la pena. Has demostrado que eres capaz y fuerte en tu codependencia. Cuidar de los demás como lo hace una persona codependiente requiere una dedicación difícil de imaginar, y esa energía se puede dirigir hacia uno mismo. Pero al embarcarte en este cambio recuerda que has de ir paso a paso y seguir con la práctica de tu propio cuidado para que este duro trabajo te sirva de apoyo.

Olvídate del perfeccionismo

Cuando fijamos límites, es importante la autocompasión. No existe una forma perfecta de establecer límites. Cuando descubrimos cuáles son los nuestros es posible que no siempre los reivindiquemos en el acto o que abandonemos cosas que son realmente importantes para nosotros.

Conviene recordar una frase que se suele decir en las reuniones de doce pasos: «Progreso, no perfección».

En mi proceso de curación solía buscar la perfección, no tener nunca ratos «libres» ni momentos reactivos, pero me he dado cuenta de que las personas sanas reconocen sus límites, sin esperar la perfección ni la claridad absolutas. Reconocer nuestros límites puede ser muy sencillo. Puede ser olvidarte de lo que tenías previsto hacer con tu hermana, la que siempre te pide que la salves de sus crisis, si no te sientes con ánimo y no crees que estés en condiciones de mantener tus límites. Exigir respeto a nuestros límites también puede significar que, cualquiera que sea el número que establezcamos, si la otra persona no muestra respeto alguno, algunas relaciones nunca nos permitirán mostrar nuestro mejor yo, el más atractivo y auténtico.

EJERCICIO: Fijar límites y reivindicarlos

Piensa en una situación de tu vida que se beneficiaría de los límites. Considera lo que más necesites de esa situación y a continuación escribe una, dos o tres frases cortas y claras que lo resuman. Determina con quién necesitas hablar al respecto. Practícalo con alguien en quien tengas confianza. Repite este ejercicio con diferentes personas y en situaciones distintas, cuantas veces sea necesario, hasta que imponer límites parezca algo más natural.

Ejemplo

Lori ha llegado a la conclusión de que reciclar a sus exnovios le ha producido más dolor que alegría. Se da cuenta de que ha de ser responsable y dejar de darles la oportunidad de que la hieran. Una tarde, Paul, con quien Lori lleva cinco años saliendo y dejando de salir, la llama por teléfono. Normalmente, aprovecharía ciegamente la posibilidad de establecer contacto con él de nuevo, aunque no fuera a durar mucho; sin embargo, recuerda el límite que ella misma se impuso. Esta es la conversación entre ambos:

PAUL: Te echo de menos, de verdad. Nos lo pasamos muy bien juntos, ¿no te parece?

LORI: También yo te echo de menos, y nos lo pasábamos muy bien juntos, algo que, sin embargo, también acaba siempre por tu negativa a comprometerte.

PAUL: Sabes lo que siento por ti, y lo pasado, pasado está. Esta podría ser nuestra auténtica oportunidad. Basta con que estés conmigo un rato para darte cuenta de que esta vez voy en serio.

LORI: Realmente me preocupo por ti y he esperado durante años que las cosas fueran como ahora me dices. Ya me dijiste lo mismo antes, para inmediatamente darte la vuelta y dejarlo todo como algo informal. No voy a hacer lo mismo. No me conviene. Creo que lo mejor es que dejemos de hablar.

PAUL: Vamos, Lori, ¿cómo puedes decir esto?

LORI: Sí, eso es lo que digo. Te deseo que las cosas te vayan bien, pero debo irme. Adiós.

Es algo doloroso para Lori. No quiere romper definitivamente con Paul, pero, en el fondo, sabe desde hace tiempo que este patrón de comportamiento no le es saludable. También se siente aliviada porque finalmente, por el compromiso que ella misma se impuso de autoprotegerse, rompió el doloroso ciclo en el que estaba inmersa con Paul.

No todas las conversaciones sobre la fijación de límites serán tan categóricas. Puede ser algo tan simple como: «¿Puedes llevarme al aeropuerto el jueves?». «No, a esa hora trabajo». O: «Ya sé que te he ayudado a menudo con tus responsabilidades laborales hasta altas horas de la noche, pero no puedo seguir haciéndolo».

No pongas a prueba tus límites

Poner límites puede asustar, porque no sabemos cómo van a reaccionar los demás. Algunos respetarán nuestros límites y otros nos pondrán a prueba. Cuando trazamos límites que antes no estaban, perturbamos la homeostasis, así que podemos esperar que algunas personas se resistan. Establecer límites con un individuo sano se puede convertir en un pequeño retroceso, pero, al final, se afianza una nueva normalidad. En una relación enfermiza, este proceso puede ser un poco más difícil. Aprender a poner límites es como desarrollar un músculo; cuando se pone a prueba, puede requerir más fuerza y perseverancia. Por consiguiente, te animo a que busques a personas con las que puedas poner límites sin peligro alguno desde el principio y practicarlos con ellas.

MANTENTE FIRME

Además de fijar los límites, debemos dejar claras las consecuencias lógicas para quienes no los respeten. Por ejemplo, si algún amigo siempre llega tarde porque sabe que lo vas a esperar, le puedes pedir por favor que respete tu tiempo. Si después, en otra ocasión, llega más de quince minutos tarde a vuestra cita, puedes irte, para demostrarle que para ti los límites son importantes.

Hay que señalar también que, a veces, puedes sentir la tentación de no respetar tus propios límites. Cuando aún estamos desarrollando el autorrespeto, podemos pensar que nuestros límites son inoportunos o que no merece la pena fijarlos. Incluso podemos sentir unas ganas irreprimibles de rebelarnos contra los límites que hayamos establecido (por ejemplo, la de reanudar una relación insana). Al final, evidentemente, despreciar nuestros propios límites solo provoca dolor en el futuro, por lo que, siempre que podamos, debemos ser claros, coherentes y firmes con nosotros mismos.

NO PERMITAS EL ABUSO NI EL MALTRATO

En una relación, el abuso o el maltrato pueden adoptar múltiples formas, entre ellas, la crueldad, la violencia y las amenazas. Puede ser un maltrato físico, emocional, verbal o sexual. Lamentablemente, algunas formas de abuso pueden parecer normales, como las de amenazar con abandonar al otro, poner motes u obligar a la pareja a hacer el amor. Por ejemplo, una pareja puede tener discusiones acaloradas en las que se amenacen o insulten mutuamente. Pero el maltrato es inaceptable. Si los dos están de acuerdo en que su comportamiento es doloroso e inapropiado, pueden comprometerse a intervenir cuando observen conductas de ese tipo. Incluso acudir a sesiones de terapia de pareja para anunciar que se comprometen a acabar con este tipo de comportamientos. En una relación sana, no caben el abuso ni el maltrato.

Algunas formas de abuso suponen un gran peligro físico y emocional. Si en una relación existe violencia física o abuso sexual, es importante elaborar un plan para alejarte de ella (tú y tus hijos) o para que quien los ejerza se vaya de casa. Es una decisión que puede asustar mucho y ser difícil de tomar incluso por razones económicas, pero existen recursos que pueden ayudar. Si te encuentras en una situación de este tipo, mi corazón está contigo y te aconsejo que llames a tu Servicio Nacional contra la Violencia Doméstica, o al número de la organización equivalente de tu país, donde te atenderán, ayudarán y orientarán.

Una de las principales características de la codependencia es restar importancia a nuestra verdad personal o simplemente negarla, y, por esta razón, a veces es habitual vivir con el abuso y los malos tratos durante mucho tiempo, antes de decidirnos a ver la realidad de nuestras relaciones. Se necesita mucho coraje para reconocer que nuestras relaciones con quienes queremos son abusivas o insanas, porque ver tal realidad nos empuja a cambiar la situación, algo que nos asusta. Quiero insistir en que, pese a que las relaciones abusivas te convenzan de lo contrario, hay en este mundo gente sana que apreciará tu valor y aplaudirá los límites que impongas. Es posible que ya tengas en tu vida al menos a una persona así. Al eliminar de tu vida conductas abusivas, es importante que afirmes: «Merezco unas relaciones sanas y que se me respete».

Por último, es importante recordar que el modo de reaccionar de alguien ante los límites que hayas fijado te proporciona una información muy importante. Si esa persona sigue sin hacer caso de tus límites, es una forma de abuso o maltrato. Su negativa a respetarlos te demuestra su carácter y no el reflejo de tu valor personal.

LIBÉRATE DEL EGOÍSMO Y DE LA CULPA

Egoísmo significa que te colocas junto con tus necesidades por encima de otra persona. Establecer límites no es un acto de egoísmo. Hacerlo de forma sana nace de la igualdad. Significa reconocer que los dos tenéis el mismo mérito e idéntico valor. Naturalmente, aunque comprendas la importancia de los límites, puedes seguir sintiéndote culpable. El objetivo de los límites que impongas es protegerte a ti mismo en lugar de acomodarte a los demás.

«No fuiste un estúpido por meterte en unas malas relaciones y situaciones y quedarte atrapado en ellas; ocurrió simplemente que no te querías lo suficiente o no veías lo que vales. Perdona a tu yo más joven por pensar tan poco en ti. A partir de ahora, avanza en la vida, amándote a ti mismo y consciente de tu valor. Con ello obtendrás la capacidad de alejarte de quienes, por la razón que sea, sencillamente no lo entienden». —Doe Zantamata

DEMOS UN PASO MÁS

En este capítulo te he explicado qué son los límites y los beneficios de establecerlos, pese a que, en algunas ocasiones, pueda parecer desalentador. Te he pedido que consideres tus límites personales y determines la forma de empezar a comunicarlos.

Para ampliar el trabajo de este paso, piensa en lo siguiente:

1. Para fijar unos límites saludables hace falta muchísimo coraje. De hecho, si creyeras que vales más de lo que piensas, ya habrías impuesto unos límites. Piensa en un límite que lleves tiempo negando que debas imponer y no lo has hecho porque gestionarlo te provoca mucho dolor. Escribe en tu diario sobre este límite y reflexiona sobre estas palabras sacadas de la web Lessons Learned in Life: «Una de las decisiones

más valientes que jamás puedas tomar es soltar por fin lo que te hiere el corazón y el alma». Además de esto, escribe en tu diario sobre los límites innegociables que estás descubriendo, como: «Nunca debo permitir que me insulten» o «Mi tiempo debe ser respetado».

2. Señala, por favor, a las dos personas con las que más confianza tengas para empezar a introducir cambios en tu vida. Anótalas en tu diario y escribe uno, dos o tres límites o necesidades que quisieras comunicarles. Utiliza el ejercicio «Fijar límites y reivindicarlos» (página 133) para detallar formas de trasladarles estos límites.

3. Por último, en este proceso la culpa es algo habitual. Para contribuir a reducirla, reflexiona sobre esta afirmación: «Puedo querer a alguien sin por ello dejar de poner límites». ¿Ha habido alguien que te informara de un límite que haya establecido y tú reconocieras que era fruto del respeto mutuo? Lo mismo te puede ocurrir a ti.

Paso 4

Mantén una comunicación abierta

Carla, de veintiocho años, tuvo que mudarse hace poco lejos de su familia más cercana debido a que a su marido le ofrecieron un ascenso en el trabajo. Era una oportunidad demasiado buena para no aprovecharla. La mudanza, además, los acercaba más a la familia de él (antes vivían junto a la casa de la madre de Carla). Ella y su madre se comunican tres veces al día, pero la madre le dice con frecuencia que la echa de menos y que debería regresar. Lo más habitual es que Carla no diga nada al respecto, porque sabe que lo único que necesita su madre es desahogarse. Por lo demás, su familia es fiel al refrán: «Respeta a tus mayores».

Sin embargo, cuando cuelgan el teléfono, Carla se nota intranquila y ansiosa, y piensa en llamar de nuevo a su madre. Quiere ser una esposa comprensiva, pero el sentimiento de culpa que su madre le despierta hace que se pregunte qué debe hacer para que todos estén contentos. Cuando pide a su marido, Andrew, que la ayude, este la mira enojado y le dice que se sobreponga a esos sentimientos porque antes vivieron cinco años cerca de la familia de ella, y hay que ser justos. En realidad, su marido nunca se ha preocupado de preguntarle por sus sentimientos, porque dice que es una mujer excesivamente emocional. Últimamente, a Carla también le preocupa la amistad que su marido está afianzando con su colega, Diane. Antes de mudarse, cuando terminaba de trabajar regresaba a casa para relajarse con Carla, pero ahora siempre encuentra razones para alargar la jornada de trabajo o alega que ha de asistir a las reuniones informales para ir conociendo a sus compañeros de trabajo. Carla sabe que a esas horas Diane siempre está en la oficina o asiste a esas reuniones, porque Andrew le habla a menudo de cosas que Diane dijo o hizo. Carla le ha preguntado por su relación, pero él le dice que no sea paranoica y cree que dispone de excesivo tiempo libre: ahora que está lejos de la familia, ha de buscarse alguna afición o distracción.

Carla no ha hablado de esas preocupaciones con su madre, ni con su mejor amiga, ni con su prima —las tres personas a quienes suele confiárselo todo—, porque tiene miedo de lo que vayan a decirle y de que pongan en tela de juicio el comportamiento de su marido. Confía en que, de un modo u otro, las cosas se solucionarán solas. Desde que se le van acumulando las preocupaciones, observa que le cuesta más concentrarse y dormir.

Problemas de comunicación habituales

La comunicación se puede entender como un intercambio de información. Es lo que decimos y lo que escuchamos, además de cómo lo decimos y lo que observamos. La comunicación se puede frustrar por múltiples razones, de modo que una o varias de las partes que intervengan en ella abandonen una interacción sintiéndose incomprendidas. Los que siguen son algunos problemas habituales de la comunicación.

LA COMUNICACIÓN INDIRECTA

Ocurre a menudo que las personas codependientes temen que sus sentimientos o necesidades sean una carga para los demás, por lo que desarrollan una forma indirecta de comunicarse. Con la comunicación indirecta, evitan hablar de sus pensamientos, sentimientos y deseos porque pueden pensar que son inoportunos y no quieren que su opinión provoque más problemas. Una forma pasiva de comunicación puede convertirse en automática cuando aprendemos a negar nuestras preocupaciones o a restarles importancia, incluso a minimizar la nuestra. A veces, en la codependencia podemos reprimir lo que sentimos para evitar que nuestras preocupaciones pasen a ser reales. Hasta podemos asegurar, para empezar, que nos equivocamos al decir que tales cosas nos preocupan, por lo que nunca nos ocupamos de ellas.

LA COMUNICACIÓN PASIVA Y LA PASIVO-AGRESIVA

Una persona puede pensar que si pide directamente algo y se lo niegan, no podrá soportar tal desengaño. En la codependencia, es muy frecuente que uno piense que se le «debe» un sí cuando se enfrentó a sus miedos y se sobrepuso a tener que pedir directamente que atendieran alguna de sus necesidades. La verdad es que todos tenemos derecho a sinceramente aceptar o declinar una solicitud. Esta incapacidad de hacer frente al desengaño si hacemos el esfuerzo de hacernos oír puede llevar a una comunicación pasivo-agresiva.

Se trata de un tipo de comunicación indirecta en la que podemos dejar caer insinuaciones pero sin decir directamente lo que queremos. Ocurre con frecuencia que las personas que se comunican de este modo esperan que el otro adivine qué es lo que necesitan. Sin embargo, a la mayoría no se nos da bien entender la comunicación indirecta, porque, por su propia naturaleza, es confusa. Por consiguiente, cuando lo que la otra persona cree adivinar no es correcto, el comunicador pasivo-agresivo seguirá actuando con resentimiento. Incluso puede seguir dando pistas sobre su malestar, por ejemplo apartar los ojos o la mirada, pero, si se le pregunta qué le pasa, dirá que todo va bien.

LA COMUNICACIÓN COMO MEDIO DE CONTROL

Usar la comunicación como medio de control puede ser consecuencia del estrés que provoca reprimir los sentimientos o restarles importancia, hasta que llegas a la conclusión de que no puedes soportar más esos sentimientos tan intensos. Ocurre como con un cubo: solo podemos aguantar lo que quepa en él antes de que se desborde (en casos extremos, este desbordamiento puede provocar comportamientos explosivos y agresivos). Y la comunicación agresiva, aun sin quererlo, lleva a menudo al abuso y el maltrato.

John Gottman lleva estudiando desde los años setenta del siglo pasado qué hace que un matrimonio sea feliz y qué conductas abocan al divorcio. En sus estudios, habla de cuatro conductas distintas que, por encima de las demás, hacen prever el divorcio. Llamadas «Los cuatro jinetes del Apocalipsis», estas conductas son la crítica, el menosprecio, la actitud defensiva y la de oponer resistencia. Voy a centrarme aquí en la crítica como una forma de controlar la comunicación.

La crítica se distingue de la retroalimentación negativa en que, en muchos casos, la segunda es necesaria para unas sanas relaciones interdependientes. Al fin y al cabo, a veces podemos sentirnos heridos por alguien o desengañados, y cuando nos recuperamos, es importante hablar de lo sucedido con la otra persona con actitud respetuosa y equilibrada. La crítica, en cambio, se suele distinguir por comentarios sobre que la otra persona «siempre» o «nunca» hace algo y transmite el mensaje de que siempre se equivoca. Por ejemplo, a la mayoría nos sienta mal, nos enoja o nos empuja a ponernos a la defensiva si un amigo nos dice: «Nunca tienes en cuenta mi opinión y siempre cancelas lo acordado en el último minuto». La crítica severa no da al aludido muchas opciones que contribuyan a resolver el conflicto de forma que beneficie a las dos partes. En el caso anterior, si nuestra reacción es: «Pero si nunca cancelo nada en el último momento», nuestro amigo se sentirá desacreditado, lo cual agrava aún más el malentendido.

Otra forma de controlar la comunicación son las amenazas. La persona que recurre a ellas intenta obligar a la otra a que haga algo. Tal deseo puede tener su razón de ser, pero el lenguaje amenazador es coercitivo e inapropiado.

LUZ DE GAS

Luz de gas es el título de una película en la que el marido intenta convencer a su esposa de que se está volviendo loca. Hoy, «hacer luz de gas» se entiende como el intento de controlar a los demás desfigurando la realidad. Por ejemplo, alguien puede mentir y negar que jamás dijera algo, aunque tengas pruebas de todo lo contrario. En las relaciones de codependencia, la realidad ya suele ser confusa o poco clara, lo cual puede provocar que el codependiente aguante este tipo de comportamiento más tiempo que otras personas. Tal circunstancia refuerza los sentimientos de confusión y vergüenza. La vergüenza es una reacción habitual de la víctima de la luz de gas, porque esta conducta incluye un elemento que convierte a la víctima en chivo expiatorio. El mensaje es que si no tuvieras tantos defectos, no cuestionarías a la otra persona. Es lo que ocurre cuando Andrés le dice a Carla que es una paranoica. No está claro qué significan los cambios de comportamiento de Andrés, pero si fuera capaz de comunicarse de forma sana e interdependiente, podría reconocer las preocupaciones de Carla. Podría decir algo así como: «Me paso mucho tiempo con Diane después del trabajo, así que entiendo que sientas curiosidad y estés celosa».

Cuando se interactúa con personas que utilizan tácticas manipuladoras, es fácil pensar que el problema eres tú. Si no fueras tan sensible, el otro se comportaría como debe. La realidad es que ambos tenéis derecho a vuestros límites y vuestras necesidades innegociables, unas necesidades que tú y la otra persona estáis o no estáis dispuestos a atender.

LA COMUNICACIÓN COMO PROTECCIÓN

Lo ideal es que utilicemos los límites para protegernos y salvaguardar la comunicación para poder compartir nuestra vida y nuestros sentimientos con los demás. En la codependencia, cuando carecemos de unos límites sanos, podemos emplear estrategias de comunicación ineficaces en un intento por autoprotegernos, y una de estas estrategias malsanas es callar. Por ejemplo, si no quieres perder una relación o afrontar una consecuencia negativa de los límites o los intereses de otra persona, puedes mentir o no decir nada. Si Carla no desea escuchar lo que su mejor amiga pueda decirle sobre el comportamiento despectivo de su marido, puede mentir diciendo que todo va fantásticamente bien en su matrimonio. También podemos observar que Andrés puede estar haciendo lo mismo al no abordar directamente las preguntas de Carla.

Hay que señalar que la comunicación a la defensiva se debe a que la persona se siente manifiestamente vulnerable. Sin unos límites sanos, hasta la retroalimentación neutral o los intentos por resolver el problema pueden parecer ataques personales. Este dolor induce a comportarse sin el menor respeto. El objetivo de mostrarse a la defensiva es protegerse uno mismo de algo que se le antoja un ataque, en lugar de preocuparse por resolver el conflicto para que la relación mejore. Además, ese recelo con frecuencia anula a su destinatario. Así lo podemos ver en las interacciones de Carla y Andrés respecto a la colega de este. El objetivo primordial de Andrés es autoprotegerse, más que analizar el punto de vista de Clara y el suyo propio y considerar la mejor forma de resolver el conflicto.

Cuando alguien se muestra a la defensiva, también es habitual que haga chistes sobre otra persona, se burle de ella o recurra al sarcasmo. Es una actitud que a menudo cruza la línea que separa del desprecio y que transmite el mensaje de que uno de los miembros de la relación es mejor que el otro. La gente a menudo actúa a la defensiva para protegerse de la vulnerabilidad que supone observar el papel que desempeña en el conflicto. Si Andrés se burla de Carla por ser tan emocional, ya no tiene que considerar que sus propias reacciones pueden provocar en ella unos sentimientos muy intensos.

La comunicación restaurativa

La comunicación eficaz se produce cuando decimos claramente qué queremos, escuchamos activamente lo que se nos responde y estamos dispuestos a aclarar y negociar nuestras propias opiniones y necesidades. Cuando nos comunicamos de forma interdependiente, dejan de existir intenciones ocultas. Seguimos teniendo deseos y necesidades que otros deben satisfacer, evidentemente, pero en una relación de interdependencia decimos cuáles son esos deseos y necesidades, al tiempo que aceptamos que la otra persona quiera o pueda o no darnos lo que queremos. Todos tenemos derecho a decir que no, también tú.

La comunicación asertiva es respetuosa y exige que seamos sinceros sobre quiénes somos y qué queremos. Cuando nos comunicamos de modo asertivo, somos honestos, decimos lo que queremos decir y queremos decir lo que decimos. Sabemos que tenemos la responsabilidad y el derecho de autodefendernos

LA COMUNICACIÓN NO VIOLENTA

La comunicación no violenta (CNV) es una alternativa eficaz a recurrir a la conducta pasivo-agresiva o agresiva cuando nos encontramos atrapados en el desacuerdo. Marshall Rosenberg ideó el modelo de CNV en los

Identificar y gestionar los desencadenantes

Para mantener una comunicación abierta, es necesario activar la conciencia de tus tendencias a ser pasivo, pasivo-agresivo o agresivo, pero también observar que a veces ciertas personas o circunstancias pueden hacer más difícil una comunicación efectiva. Aprender a identificar qué es lo que más te provoca es un paso importante para establecer unas estrategias de comunicación más sanas. Piensa en un día cualquiera de tu vida. ¿Hubo situaciones, momentos del día o determinadas personas que te incitaron a una comunicación más pasiva, pasivo-agresiva o agresiva? ¿Reaccionaste con hostilidad ante alguien que normalmente hace que el corazón se te acelere o te altera los nervios?

Anota en tu diario esos desencadenantes tuyos. Una vez los hayas escrito, repásalos. Si percibes que determinadas situaciones provocan que adoptes una actitud negativa, cuando en el futuro te encuentres en situaciones similares, deberías detenerte a pensar. Concédete el espacio donde pararte a considerar la situación, usa tu capacidad de reacción y después reconsidera la conversación cuando puedas hablar con claridad. El objetivo de determinar qué cosas desencadenan en ti esos sentimientos es descubrir que, para gestionarlos con mayor eficacia, es necesaria la práctica de autocuidado, y no evitar las interacciones sin más. Por ejemplo, es posible que, antes o después de hablar con tu excónyuge o tu jefe, debas practicar las estrategias de respuesta. Es algo absolutamente normal. Hay aún conversaciones que sigue siendo importante que mantengas, pero puedes aprender a gestionar tus desencadenantes para comunicarte con mayor efectividad.

Conviene señalar que, en general, los problemas físicos, como la falta de sueño, el hambre o el dolor, pueden dificultar en gran medida mantener unas conversaciones sanas. No siempre podemos evitar estos problemas, pero una vez que somos conscientes de ellos, sí podemos tenerlos presentes. En tu programa de autocuidado puedes añadir dormir más o tener siempre algún tentempié en el cajón de tu mesa de trabajo. Puede parecer muy simple, pero he descubierto que puedo comunicarme mejor con mi madre si no la llamo a la hora de comer. El hambre me pone nerviosa, y dada nuestra historia de una comunicación inefectiva, es más fácil que me ponga más inconveniente con ella que con otra persona. No quiero comportarme así, por lo que, antes incluso de devolverle la llamada, me tomo cualquier cosa.

años sesenta del siglo pasado, un modelo que incluye cuatro componentes (la observación, los sentimientos, las necesidades y la petición) y dos partes (la empatía y la sinceridad). El esquema básico es decir algo así como: «Cuando veo [di lo que estés observando, sin enjuiciarlo ni interpretarlo] siento [especifica el sentimiento] porque no satisface mi necesidad de [manifiesta tu necesidad personal]. ¿Estarías dispuesto a atender [repite esa necesidad]?». Carla, por ejemplo, podría emplearlo con Andrés, cuando hablan de la madre de ella. Podría decirle a su marido: «Cuando veo que te pones nervioso si menciono a mi madre, me siento mal, porque necesito que me escuches, y no lo haces. ¿Querrías simplemente escucharme algunas veces cuando me desahogo y hablo de mi madre?». Cuando usamos la CNV no podemos asegurar que la otra persona reaccione como quisiéramos, pero es probable que con este método se muestre menos a la defensiva que cuando la atacamos o criticamos.

En una relación sana, se pasa de una situación en que cada individuo es su propio equipo a otra en que los dos están en el mismo equipo. Habrá momentos en que puedan tener necesidades y objetivos diferentes pero, como equipo, dan prioridad a la relación, dispuestos a negociar sus criterios para dar con una solución que satisfaga las necesidades de los dos. Por ejemplo, es posible que Carla desee hablar con su madre a diario pero no tres veces al día, como prefiere su madre. En este caso, Carla podría decirle que le encanta llamarla, pero necesita tiempo para ocuparse del trabajo y, a continuación, pedirle que hablen solo una vez al día. Su madre puede entonces preguntar si los fines de semana, cuando Carla no trabaja, pueden ser un poco más flexibles, una propuesta a la que Carla se puede comprometer.

EVITAR LAS SUPOSICIONES

Solo podemos imaginar lo que otra persona está pensando y, con frecuencia, debido a nuestras inseguridades y sistemas de creencias negativas, imaginamos lo que no es. La realidad es que no podemos saber lo que los demás piensan o sienten si no preguntamos. Por ejemplo, Carla entra en la oficina de su supervisor para preguntarle algo sin mayor importancia y observa que este da un suspiro. Puede pensar que con ello le indica que le molesta y que no debería preguntarle eso a él, sino recurrir a otro para informarse. También es posible que ese suspiro se deba a una hoja de cálculo que el supervisor está cansado de repasar, momento en el que Carla entra en su despacho. Si Carla fuera a utilizar las habilidades de comunicación asertiva, podría limitarse a preguntar a su supervisor si le viene bien tener ahora una breve conversación o deciden hacerlo en otro momento.

VIGILA EL TONO DE VOZ Y EL LENGUAJE CORPORAL

La comunicación se manifiesta también mediante indicios no verbales: el contacto visual, el tono de voz y la postura. Para comprender plenamente lo que otra persona trata de transmitir, es necesario leer los aspectos no verbales de la comunicación. Nos ocurre a menudo que no estamos seguros de que interpretamos bien un texto o un correo precisamente porque no existen pistas no verbales sobre la intención de quien nos los manda. Es importante ser consciente de tu postura, el tono de tu voz y el contacto visual, y asegurarte de que son coherentes con lo que estés diciendo. Cómo transmitimos un mensaje afecta a cómo se recibe, cualquiera que sea nuestra intención.

Oigo a menudo a parejas y familias que discuten porque alguien está chillando. La persona de la que se dice que está chillando normalmente replica que no lo está haciendo. Cómo te perciben los demás es importante para que la comunicación sea efectiva. Aunque creas que no estás gritando, si alguien piensa que te has dirigido a él en un tono más alto de lo habitual, lo más probable es que deje de comunicarse o se ponga agresivo. El que sigue es un ejemplo sencillo de la importancia de que nuestra comunicación verbal y la no verbal coincidan: si tu cónyuge, sin dejar de mirar la tele, te dice que le encantó la cena que preparaste, es lógico que no te parezca tan sincero como si se hubiera dirigido a ti directamente y mirándote a los ojos para decirte lo mismo.

NO DES LECCIONES

Antes, siempre que alguien me decepcionaba, creía que lo adecuado era decirle continuamente que no atendía mis necesidades. No se me ocurría de qué otro modo podía satisfacer mis necesidades si no era repitiéndome una y otra vez. Al final, un buen amigo me desveló el secreto: exponer clara y respetuosamente lo que nos duele o necesitamos y luego dejar que la otra persona decida atender o no nuestras carencias. Es posible que nos decepcione de nuevo, pero no tenemos derecho a darle lecciones. Al contrario, tenemos la responsabilidad de aclarar nuestros límites personales y de llevar a la práctica las consecuencias de no respetarlos. En lugar de una dura crítica, como te mostré antes en este paso («Problemas de comunicación habituales», página 143), queremos manifestar claramente una queja y, después, estar abiertos a la negociación.

EJERCICIO: Guía de la comunicación

Bastan unas pocas frases para lograr una comunicación efectiva y asertiva. Lee los siguientes ejemplos de comunicación ineficaz y más efectiva entre Carla y su madre. Después, en tu diario, escribe una situación personal que saldría beneficiada si mejorara la comunicación. Es posible incluso que tengas ejemplos de momentos en que la comunicación no fue buena, unos ejemplos que puedes anotar para que te ayuden a determinar en qué punto tu conversación degeneró. Antes de mantener otra conversación estresante, resume lo que sientes y necesitas o quieres de forma prioritaria de la otra persona. Pero recuerda que cuando te expresas con tal claridad, lo que pretendes es que se te comprenda mejor. No puedes controlar a la otra persona, que puede atender o no tu solicitud, pero con ello obtendrás una información importante.

INEFICAZ

MADRE: Estás muy lejos ahora.

CARLA: Ya lo sé, mamá. Es horrible, de verdad.

MADRE: Es horrible. Quiero decir que me estoy haciendo mayor. Ayer mismo, al subir las escaleras, sentí como si me fallara la cadera que tengo mal. Tu hermano, pues, ya sabes, está ocupado con su mujer. No sé quién me ayudaría si me cayera.

CARLA: Mamá, por favor, no digas estas cosas.

MÁS EFECTIVA

MADRE: No puedo creer que estés tan lejos.

CARLA: Comprendo que me eches de menos. También yo te extraño.

MADRE: Simplemente pienso que la vida es demasiado corta para que estemos tan alejadas.

CARLA: Estar tan lejos de ti me entristece y me preocupa, pero para mí es importante ayudar a Andrés en estos momentos. Quiero programar una visita pronto. Disponemos de un fin de semana de tres días. ¿Crees que te iría bien que fuéramos a verte?

MADRE: Sigue siendo poco tiempo.

CARLA: Sí, ya lo sé, tres días no son mucho, pero las dos nos echamos de menos, y yo aún no tengo derecho a permisos remunerados. Confío en que lo podamos arreglar.

Detengámonos un momento a comparar estas dos conversaciones. Observamos el intento de la madre de que su hija se sienta culpable. En el primer ejemplo, los límites abiertos de Carla la hacen vulnerable a ese sentimiento de culpa. En el segundo ejemplo, vemos que Carla es sincera y directa con su madre y no se rinde a sus exigencias. Es posible que Carla no pueda controlar cómo se siente y comporta su madre, pero sí lo puede hacer con su propio modo de comunicarse.

TEN PACIENCIA

Tenemos toda la vida para practicar formas indirectas o agresivas de comunicación. Aprender a ser más efectivos en nuestra comunicación requiere tiempo, no solo porque no estamos habituados a usar la comunicación asertiva, sino también porque la comunicación efectiva también exige una serie de habilidades, entre ellas la autoconciencia, unos límites sanos y el permanente cuidado de uno mismo. Dado que establecer una comunicación sana es complejo, te aconsejo que, sobre todo, practiques la paciencia y la autocomprensión. Como ocurre con la práctica de cualquier otra destreza, los errores son propios del proceso de aprendizaje.

Reenderezar la comunicación

La comunicación se puede complicar incluso en momentos en que practicamos destrezas para comunicarnos de forma más amable y asertiva. Al fin y al cabo, los seres humanos somos imperfectos, de modo que ni siquiera en el proceso de recuperación podemos tener siempre interacciones perfectas. Pero sí somos capaces de crear estrategias que contribuyan a reorientar de nuevo nuestras interacciones cuando se producen malentendidos y así podamos mantener el respeto por nosotros mismos además de proteger nuestra relación. A continuación, encontrarás algunas estrategias para mejorar aún más tu eficacia cuando interactúes con otras personas.

APRENDER A DESCANSAR

Es un hecho que cuando los sentimientos nos dominan en exceso nos es imposible seguir pensando con claridad. Tenemos un sistema nervioso simpático y otro parasimpático. Con el primero podemos advertir un peligro inminente y el segundo favorece que nos tranquilicemos y relajemos. Gracias al sistema nervioso simpático podemos actuar con rapidez y con la actitud de luchar o huir cuando percibimos una amenaza para mantenernos seguros. En esos momentos, lo más amable y efectivo que podemos hacer es tomarnos un descanso de la comunicación emocional. Dejemos que la otra persona se dé cuenta de que necesitamos un momento para tranquilizarnos y preguntemos si podemos reanudar la conversación dentro de veinte minutos, o el tiempo que consideres necesario, pero *debes* volver y seguir con la conversación. Durante ese descanso, utiliza unas buenas estrategias de respuesta, como la aromaterapia, la meditación, el coloreado, el yoga o escribir en tu diario. Estas agradables actividades transmiten a tu cuerpo el mensaje de que ahora está seguro, de forma que tu sistema nervioso parasimpático te puede relajar. Después del descanso, observarás que sabes comunicar mejor y de forma asertiva tu punto de vista, y resolver los conflictos con actitud interdependiente.

ACABAR CON LOS ROLES PARA CONSEGUIR UNA AUTÉNTICA COMUNICACIÓN

Los roles —los que nos asigna la familia además de los de género— complican el desarrollo de una comunicación asertiva. Hay emociones y sentimientos que se permiten o desaprueban a los hombres y a las mujeres. Un hombre que hable de sentimiento de pena, rechazo o vergüenza puede dar una imagen de debilidad, mientras que a las mujeres que hablan de la cólera y la ira se las percibe como histéricas, locas o maliciosas. En nuestro proceso de recuperación, podemos reconocer que las emociones no son más propias de un sexo que de otro y que tenemos derecho a todo tipo de sentimientos. Además, aunque en nuestra familia pueda haber normas o roles que nos prohíban hablar sincera y directamente, queremos hacer todo lo posible para romper esos falsos roles. Practicamos la autocomprensión y reconocemos la verdad de nuestras emociones porque son componentes fundamentales de quienes somos de verdad.

APRENDER A HABLAR SOBRE COMUNICACIÓN

Aprender a hablar sobre la comunicación puede cambiarnos por completo. Cuando lo hacemos, podemos insistir en las formas de comunicación que a nosotros nos funcionan en la relación y las que no. Podemos comentar, en algunas ocasiones, cómo interpretamos a la otra persona desde una perspectiva plenamente consciente y ajena a cualquier juicio. Queremos esforzarnos en expresar lo que observamos sin mostrar el menor desprecio. Por ejemplo, si alguien con quien hablas hace algunos comentarios sarcásticos sobre ti, quizá querrás decirle: «Llevo observando toda la noche que sigues haciendo chistes sobre mí, algo que me duele y, además, hace que me pregunte si nos pasa algo de lo que deberíamos hablar». Cuando hablamos de la comunicación plenamente conscientes —observando sin la menor crítica lo que pasa— podemos transformar las interacciones al instante. Cuanto más comentamos en el momento, menos vamos a necesitar conversaciones de seguimiento que restauren la relación, porque la reparación se produjo en el momento oportuno. Es una capacidad que nos da una fuerza extraordinaria.

GESTIONAR LAS REACCIONES DEFENSIVAS

Cuando pensamos que se nos ha interpretado mal, que no se nos ha reconocido o que hemos afectado negativamente a otra persona, es muy habitual que nos sintamos apenados y avergonzados. Una sana autoestima significa aceptar nuestras imperfecciones, comprender que el desacierto es algo humano y comprensible. Aunque nuestra intención nunca sea la de herir u ofender, la realidad es que podemos caer en ello incluso cuando practicamos las destrezas de comunicación. En estos casos, queremos practicar la autocompasión y esforzarnos en tener curiosidad por la opinión de la otra persona. Para mantener el autorrespeto, queremos reconocer el papel que desempeñamos en el conflicto, y no disculparnos por el mero hecho de hacerlo. Al contrario, reconocemos que estamos en el mismo equipo, y cuanta más sea la interdependencia con la que resolvamos las cosas, mayor será la fuerza del equipo. Reconocemos la perspectiva de la otra persona, manifestamos educadamente la nuestra, recordamos el poder de las auténticas disculpas.

Vivimos en una cultura que no refleja el poder de las disculpas sinceras. Vemos a menudo a personas que, después de defender el papel que han desempeñado en alguna situación difícil, en lugar de reconocerlo lo niegan. Cuando alguien nos ha herido u ofendido, hace falta tener una madurez y una autocompasión increíbles, y un sano sentido de la propia identidad cuando somos nosotros quienes hemos herido u ofendido a alguien. Además, y paradójicamente, cuanto más asumimos nuestra responsabilidad, más sano es nuestro sentido del yo, porque observamos que nuestros errores no implican que se acabe el mundo. Es algo normal, y habitual, que otras personas quieran continuar para arreglar las cosas con nosotros, lo cual nos ayuda a ver nuestro auténtico valor.

EJERCICIO: Combatir los pensamientos que nos angustian

Muchos hablamos de forma indirecta o manifiestamente agresiva por miedo a que no consigamos ver satisfechas nuestras necesidades o a que no se nos respete. Piensa por qué en un determinado momento te comunicaste de forma pasiva o pasivo-agresiva. ¿Qué temías si decías la verdad? Por ejemplo, tal vez tenías miedo de preguntar a la persona con la que estabas saliendo si quería que la relación entre los dos excluyera a cualquier otra persona, por si pudiera decirte que no. Puedes realizar este ejercicio en tu diario siempre que el hecho de tener una conversación te altere los nervios.

Piensa en una situación actual que el hecho de abordarla te dé miedo o te ponga nervioso(a):

¿Qué es lo peor que puede pasar?

Si pasa, ¿cómo lo voy a superar?

¿Qué es más probable que pase?

¿Cómo lo voy a afrontar?

¿Qué ventaja tiene hablar sin que importen las consecuencias?

DEMOS UN PASO MÁS

En este paso hemos hablado de los obstáculos habituales que impiden una comunicación sana y resuelta. Se te ha pedido que reflexionaras sobre tus propios estilos de comunicación que puedan interferir en una interacción efectiva. Mejorar nuestros estilos y modelos de comunicación requiere práctica y paciencia, pero con dedicación y plena conciencia se puede conseguir. Recuerda que ser nuestros propios abogados nos puede asustar, pero tenemos derecho a recuperarnos y la responsabilidad de hacerlo. Demos un paso más y, para seguir mejorando tu comunicación, por favor, considera lo que sigue:

1. Continúa construyendo la conciencia de las conductas de tu comunicación codependiente y sus desencadenantes, de modo que los puedas desactivar con mayor frecuencia. Para ello fíjate en cómo te comunicas con las personas de tu vida. Después, ponte a gestionar tus reacciones actuando con mayor lentitud (acuérdate de respirar profundamente durante las interacciones) y haciendo recesos en la conversación si no te sientes capaz de reaccionar con eficacia al instante. Hacer breves descansos en las conversaciones, si es necesario, es sano y, desde una perspectiva fisiológica, imperativo.

2. Sigue practicando la autoconciencia, cuidándote a diario e imponiendo unos límites provechosos: todo ello es necesario para una comunicación efectiva. Hemos de saber qué queremos, fijar unos límites saludables y afrontar con eficacia la tensión que generan empezar a reivindicarnos y cualquier sentimiento que pueda aflorar en una interacción. Sé amable contigo mismo y ten expectativas realistas, reflexiona sobre tus desencadenantes y recuerda que ocuparse de estas situaciones y/o relaciones puede ser realmente difícil, pero no imposible. No utilices las situaciones desencadenantes para evaluar el éxito.

3. Deepak Chopra decía: «Cada vez que sientas la tentación de reaccionar a tu viejo estilo, pregúntate si quieres ser prisionero(a) del pasado o pionero(a) del futuro». No se puede decir mejor: convertirse en un comunicador seguro de sí mismo requiere tiempo, pero cada vez que lo eres ahora es un éxito. Cuando observes que reaccionas con seguridad en una situación en la que antes te hubiera sido difícil, detente un momento a homenajearte por ser un pionero(a) en el futuro que has recuperado.

Paso 5

Alimenta tu intimidad

Sarah, de cincuenta y tres años, y Patrick, de cincuenta y cinco, llevan juntos veinticinco años. En los primeros años de su matrimonio se divertían y compartían con ilusión los mismos objetivos relativos a la familia. Patrick trabajaba y Sarah se quedaba en casa al cuidado de sus dos hijos. Con el paso del tiempo, comenzaron a vivir vidas separadas. Patrick se implicó más en su empresa, mientras que Sarah se centró en la atención infantil y participaba como voluntaria en las actividades de la escuela. Llegó un día en que Sarah tenía la sensación de que ella y su marido eran dos extraños. Iban pasando los años e intentaba hablar de esa sensación con Patrick. Este a veces se daba cuenta de la pena y la vergüenza de que ya no se divertían juntos. Veía que sus padres vivían tranquilos y con resignación, y aunque él quería algo diferente, no sabía cómo hacerlo realidad. Además, le habían enseñado que los sentimientos eran debilidades, así que alejaba de su mente esas preocupaciones.

Sin que se dieran cuenta, todo ello hizo que Sarah se sintiera ca-
rente de valor, de modo que acabó por resignarse a sentirse distan-
ciada. Ahora pasaba más tiempo confiando sus secretos a su mejor
amiga, Kate.

    Sarah siente un gran respeto por sus compromisos religiosos
y, para ella, el divorcio no es una opción, pero se siente insatisfe-
cha. Ve ahora que algunos de sus amigos se van jubilando prema-
turamente y se dedican a viajar. Su hijo, Peter, se gradúa este año
del instituto, lo cual hace que ella se sienta perdida. Tanto Sarah
como Patrick se sienten solos en su matrimonio, pero, llegados a
este punto, nadie sabe cómo salvar tal distanciamiento.

La intimidad en la relación codependiente

Cuando iniciamos la recuperación, la idea de intimidad
nos puede a la vez confundir y asustar. Al fin y al cabo, en
la codependencia a menudo ansiamos la intimidad en la
misma medida que la tememos. Las ideas negativas sobre nuestro valor personal pueden llevarnos a pensar que,
al final, nos abandonarán o rechazarán, y si así ocurre,
seremos incapaces de superarlo. Desde una perspectiva
cultural, se supone que la intimidad es propia ante todo
de las relaciones amorosas o sexuales. Pero no es exactamente así: la definición más fundamentada de intimidad
se refiere a la cercanía y la amistad. Vista así, nuestra interpretación y nuestra experiencia de la intimidad se ex-
panden. Existe la posibilidad de que en nuestra vida tengamos numerosas relaciones íntimas interdependientes,

lo cual, además, puede ayudarnos a alimentar la esperanza de que podemos mejorar nuestra capacidad de conectar con otras personas. Después de todo, es posible que ya tengas en tu vida a alguien con quien te sientas especialmente unido, aunque no sea en términos románticos o sexuales. Puede ser un primo, tu padre o tu madre o el mejor de tus amigos.

LA GUARDIA EMOCIONAL

Antes de que descubramos lo que valemos y aprendamos a intimar de modo interdependiente, es habitual que ocultemos nuestro auténtico yo a los demás. Escondemos o protegemos nuestra verdadera identidad para ocuparnos del desasosiego que nos produce la vulnerabilidad, de la que nos podemos proteger en nuestra forma de comunicarnos, como veíamos en el paso anterior. Dejando fuera a alguien, adoptando una actitud a la defensiva y usando estas tácticas como quien combate contra esa persona bien armado. Con estos estilos de comunicación nos podemos sentir menos expuestos, ya que nos colocamos por encima de otra persona, pero son también estilos muy perjudiciales para la relación. No puedes buscar ni establecer relaciones íntimas con los demás si no te arriesgas a revelar quién eres realmente. Has de aceptar quitarte cualquier máscara que oculte quién eres para que la gente te pueda reconocer.

FALTA EVIDENTE DE AFECTO

El tacto es fundamental para nuestro bienestar. Pero es una necesidad que no podemos satisfacer del todo sin contar con otras personas, de modo que hemos de recibir el cariño de nuestros seres queridos. Esta realidad subraya la verdad de que estamos diseñados para ser interdependientes. Aprender a interpretar la expresión de cariño como algo sano, seguro y ajeno a cualquier intención sexual puede requerir su tiempo, especialmente porque nuestra cultura puede exagerar la idea de que el afecto y el cariño son propios ante todo de las relaciones amorosas o sexuales, en particular en el caso de los hombres. Si has vivido la amarga experiencia del dolor por la pérdida de alguien querido, sabes que ese amigo que te acaricia la espalda, te toma de la mano o te abraza puede decirte mucho más de lo que las palabras puedan expresar. Tocarse es fundamental para un sano desarrollo humano. Un estudio publicado en 2005 concluía que, en el caso de los niños prematuros, el contacto físico, piel con piel, les era sumamente beneficioso. Los niños que sentían el contacto físico cariñoso rendían siempre mucho mejor en las pruebas relacionadas con la cognición y las habilidades ejecutivas, desde los seis meses hasta los diez años. El tacto sigue siendo importante durante toda nuestra vida.

OCULTAR NUESTRAS FLAQUEZAS

Desvelar quiénes somos nos puede asustar. Hace años, una buena amiga me dijo que la intimidad supone que «ves mi interior». Cuando me lo dijo me di cuenta de por qué había estado evitando una sana relación íntima amorosa. La codependencia surge de la vergüenza y del sentimiento del desmérito que nos atribuimos, de modo que, en los inicios de la recuperación, la vulnerabilidad puede ser aterradora. En consecuencia, podemos pensar: «Si ves quién soy realmente, me vas a rechazar de forma automática». En última instancia, aunque me aterroriza de verdad, he descubierto que se requiere menos energía para vivir de forma auténticamente abierta y vulnerable si mantengo mis límites intactos.

APARTAR A QUIENES TE DEMUESTRAN CARIÑO

En la que fue mi relación codependiente más dolorosa, recuerdo una vez en que llorando le dije a mi pareja que todo lo que me daba eran migajas. Y me corrigió: me dijo que ni siquiera me daba las sobras, y yo lo acepté. Durante mucho tiempo, interioricé que no merecía ni esas migajas y que atraía unas relaciones más perjudiciales. Pasado cierto tiempo, me di cuenta de que el hecho de que *pensara* que no poseía valor alguno no significaba que fuera una verdad ni un hecho absolutos. Cuando tenemos ideas negativas sobre nosotros mismos, es habitual que nos apartemos de quienes nos tratan con respeto y amabilidad. En mi caso, pensaba a menudo que algo de malo debía de tener un hombre si mostraba interés por mí. Cuando yo misma no me gustaba, me era mucho más fácil ir con hombres que me trataban con desdén porque teníamos un enemigo común: yo.

Me parece paradójico que aprender a dejarse querer requiera tanto tiempo, pero así es. Creo que la explicación está en un descubrimiento de Brené Brown: el de que nuestros momentos más hermosos —como los de comprometerse en matrimonio o tener un hijo— son los que pueden activar el mayor dolor de la vulnerabilidad. En esos momentos, vemos lo que podemos perder. El objetivo, explica la autora, es apoyarnos en los momentos de alegría cuando asoma la vulnerabilidad y no cerrarnos a la dicha, como muchos hacemos. Aprender a dejar que el amor se asiente requiere mucho coraje, pero podemos empezar este trabajo observando los aspectos de nuestra vida en los que ya lo hacemos, por ejemplo con nuestros mejores amigos o con nuestra madre.

EJERCICIO: No adoleces de nada

Las ideas negativas que tengamos sobre nosotros mismos pueden complicar la intimidad. No solo aumentan nuestra disposición a tolerar comportamientos faltos de cariño y respeto, sino que pueden abocarnos a que necesitemos contar con la aprobación de otros. Para este ejercicio, piensa en las tres personas a las que más unido te sientas. Divide una página de tu diario en tres columnas, una para cada una de estas personas. Ahora considera tu relación con ellas y la retroalimentación positiva que te facilitan. Señala cinco posibles cualidades que creas que cada una de ellas diría que posees y escríbelas en la columna correspondiente. Por ejemplo, Sarah puede dedicar una columna a su marido, otra a su mejor amiga y otra a su hijo mayor. Observará que todos dirían de ella que es una persona servicial, su mejor amiga diría que es divertida y su marido, que es apasionada. Ahora encierra en un círculo las cualidades de cada columna que consideres que reflejan tu verdadera personalidad. A partir de estas cualidades, formula una declaración que te recuerde lo que aportas a los demás por ser como eres. Por ejemplo, Sarah puede decir: «Soy una persona servicial, interesante y divertida, y merezco unas relaciones saludables y significativas». Cuando tengas lista esa declaración, repítetela cuando estés seguro de que mereces tener una buena relación.

Resultados positivos

Vivir la intimidad es fundamental para la salud mental y física. Lo ideal es que aprendamos a establecer apegos seguros con otros seres humanos, unos apegos que hacemos posibles cuando confiamos plenamente en que la otra persona estará a nuestro lado cuando la necesitemos y se preocupa de verdad por nuestro bienestar. Cuando tenemos esta seguridad, confiamos más en nosotros mismos, asumimos riesgos beneficiosos en la vida y nos sentimos más centrados.

CONEXIÓN ENTRE LA INTIMIDAD Y LAS DROGAS

Las sustancias adictivas y la intimidad están conectadas de dos formas: ambas anestesian el dolor de la desconexión y nos ayudan a gestionar el miedo a la vulnerabilidad. Muchas personas no saben manejar la intimidad de forma saludable, de modo que las drogas pueden ayudarlas a soportar la vulnerabilidad inherente al establecimiento de unas relaciones. Algo muy habitual cuando se queda con alguien es beber, una costumbre que en mi opinión se debe en parte a que gestionar la vulnerabilidad de llegar a conocer a alguien requiere mucha habilidad, y el alcohol lo hace mucho más fácil. El sexo no es la única forma de intimidad, pero es una actividad íntima, y oigo decir a menudo a los jóvenes que nunca han hecho el amor estando sobrios. Esto pone de relieve que una forma de superar el miedo a la vulnerabilidad es recurrir a las drogas.

La otra cara de la moneda es que la desconexión de los demás es sumamente dolorosa. Las personas que carecen de la destreza de afrontar la realidad suelen buscar formas perjudiciales de adormecer este dolor, sea con el alcohol, los fármacos u otras sustancias nocivas. Para que la vida nos sea más satisfactoria, es importante aprender a administrar de modo saludable el dolor de la desconexión y el miedo a la vulnerabilidad. Más adelante, en este mismo paso, hablaremos con mayor detalle del dolor de la desconexión.

Sentirse incómodo con la desconexión está en el propio engranaje de nuestra psicología, de forma que, en este sentido, de lo que se trata, más que de anestesiar el dolor, es de buscar formas de incrementar la conexión. Tal vez actualmente lleves una vida muy aislada: no pasa nada; puedes empezar por cosas tan sencillas como encontrar modos de establecer mayor conexión, por ejemplo diciéndole «hola» a la persona que viaja a tu lado en el metro o charlando con algún compañero de trabajo después de una reunión. Otras formas de afianzar la conexión para mitigar el dolor son cuidar de una mascota o el voluntariado.

LOS SERES HUMANOS ANSIAMOS LA CONEXIÓN

La teoría del apego, formulada por el psiquiatra John Bowlby, señala que el deseo de pertenencia es, en la misma medida, una necesidad física y emocional. Pensemos en la vida en la prehistoria: quienes vivían en comunidad prosperaban más que quienes vivían solos. Como humanos, hemos desarrollado un sistema de apego fisiológico que nos garantice seguridad y nos permita estar tranquilos cuando nos encontramos cerca de aquellos con quienes estamos conectados, y que hace que nos agobie el desasosiego cuando observamos que nos falta esa conexión. Nuestra composición biológica nos advierte de que la desconexión pone en peligro nuestra supervivencia, de modo que las conductas de protesta, como la dependencia o el apego excesivos, no son necesariamente indicios de codependencia. La codependencia significa dar prioridad a los demás en nuestro propio detrimento, mientras que la interdependencia es el equilibrio entre reconocer nuestro mérito y valor y nuestra necesidad de conexión. No vamos a provocarnos daño por querer conectar, pero sabemos que tener unas relaciones sanas es fundamental para disfrutar de una vida alegre y significativa.

LA SOLEDAD ES PERNICIOSA

No es lo mismo estar solo que la soledad. Estar solo es un aislamiento placentero, la oportunidad de disfrutar un poco «de mi tiempo». En cambio, la soledad es la dolorosa desconexión de los demás. Es importante señalar que la soledad, como una *sensación* de desconexión, puede aflorar aunque tengamos relaciones con otras personas, a pesar, incluso, de que vivamos con nuestro cónyuge. Quienes hemos vivido la soledad en una habitación abarrotada de gente sabemos lo profundamente dolorosa que puede llegar a ser. La psicóloga Naomi Eisenberger dirigió un estudio que analizaba la reacción del cerebro ante el aislamiento social, y descubrió que las zonas cerebrales que se activan cuando se nos provoca dolor físico son las mismas que lo hacen cuando estamos aislados socialmente. En otras palabras, el cerebro percibe la desconexión de los demás del mismo modo que percibe el dolor físico.

Además, la soledad es destructiva para nuestra salud. En su trabajo sobre la estabilidad matrimonial, Gottman descubrió que los maridos de esposas despectivas que se sentían solos enfermaban con mayor frecuencia que otros maridos. Y un reciente metaanálisis llevado a cabo por un grupo de psicólogos reveló que la soledad conlleva un riesgo de muerte mayor que el de la obesidad. Estamos empezando a darnos cuenta de que la soledad es literalmente mortal.

LA INTIMIDAD SANA PUEDE REDUCIR EL ESTRÉS

Una sana intimidad hace que nos sintamos seguros y a salvo en el mundo. Numerosos estudios revelan que, desde un punto de vista biológico, las personas que se quieren pasan a ser una unidad de apego: se regulan mutuamente la presión sanguínea, la respiración y el ritmo cardíaco.

Tal vez lo hayas experimentado cuando, después de una jornada estresante, llegas a casa, te encuentras con alguien querido y por fin te puedes relajar. El apego seguro nos ayuda a confiar más en nosotros mismos, y esta confianza contribuye a incrementar la resiliencia en momentos de crisis. Nos permite saber que somos capaces de afrontar de forma saludable el dolor y el estrés que sentimos. Además, las personas con un apego seguro tienen mayor capacidad de buscar ayuda cuando la necesitan, lo cual, evidentemente, reduce el estrés.

UNA MAYOR EMPATÍA

La empatía es un proceso recíproco: las relaciones íntimas nos ayudan a desarrollar empatía, y la empatía nos ayuda a desarrollar unas relaciones íntimas. La empatía es la experiencia de comprender y cuidar las reacciones y las perspectivas de los demás. El proceso de desarrollar una mayor empatía a veces es tan sencillo como escuchar a otra persona y reconocer su experiencia. No siempre tenemos que responder preguntas ni reaccionar de un modo u otro, como tampoco tenemos que coincidir con lo que la otra persona piensa. Además, el recelo es una reacción habitual a una retroalimentación con la que no estamos de acuerdo y suele provocar que las relaciones se queden atascadas. La empatía nos abre el camino hacia una comprensión y una intimidad de mayor calado.

Puede ser fácil subestimar el poder de la validación, es decir, el reconocimiento de la verdad de alguien sin que importe lo que pensemos o sintamos al respecto. Es algo muy sencillo de hacer. Por ejemplo, si Sarah le dice a Patrick que cree que están distanciados, él puede confirmar lo que ella dice repitiendo exactamente sus palabras: «Me estás diciendo, Sarah, que crees que nos hemos distanciado». La validación nos permite apreciar mejor la perspectiva y los sentimientos de la otra persona, lo cual a menudo puede derivar en que el destinatario de la validación se sienta más comprendido y tenido en cuenta, algo que, a su vez, puede fortalecer la relación. Y, al mismo tiempo, validar a los demás muchas veces favorece que hagan lo mismo con nosotros, porque nuestra validación les genera una sensación de respeto y cariño.

MAYOR AUTOCONCIENCIA

El desarrollo de la autoconciencia es un proceso permanente a lo largo de nuestra vida, y siempre es beneficioso. Hay un viejo dicho que afirma que el conocimiento es poder. Creo que el conocimiento de uno mismo aporta una fuerza extraordinaria. Como hemos visto, cuanto mejor te conoces a ti mismo, más claros serán tus límites y tu comunicación. Gracias a la intimidad podemos seguir construyendo nuestras relaciones con el yo, pues hay algunas cosas sobre nosotros que solo podemos saber cuando otras personas nos ofrecen la debida retroalimentación. Por ejemplo, Patrick puede pensar que la dependencia de sí mismo y el rechazo a reconocer las emociones son una virtud pero, con la retroalimentación de Sarah, puede descubrir que esas ideas suyas en realidad le impiden vivir una vida más plena y significativa.

Abrirse a la intimidad

Estoy convencida de que, en el proceso de recuperación, es completamente posible sanear muchas de nuestras relaciones. Podemos intimar más profundamente con numerosas personas de nuestra vida, siempre y cuando exista un respeto mutuo. Al considerar la intimidad puede asomar el miedo a ser rechazado o abandonado, pero también es habitual temer que el otro nos agobie con sus muestras de cariño. Una idea popular sobre la intimidad es que, para querer de verdad a otra persona, debemos vivir la experiencia de la pérdida del yo. Sin embargo, un diagrama de Venn representa mucho mejor la intimidad realmente beneficiosa. Todos somos individuos independientes con derecho a tener ideas y sentimientos propios, pero ocurre también que nos podemos solapar con otras personas cuando nos juntamos y exponemos quiénes y cómo somos, de modo que cada uno experimentemos alegría y conexión. En este apartado, analizaremos algunas formas de aproximarnos a unas sanas conexiones íntimas.

ASIENTA LA CONFIANZA

La realidad es que entablar confianza requiere tiempo. Sin unos límites sanos, esta realidad puede ser muy peligrosa, pero el objetivo es ir exponiendo poco a poco quiénes somos. No nos ocultamos detrás de ninguna pared, pero tampoco le contamos a cualquiera toda nuestra historia de modo inmediato, pues no se ha ganado aún el privilegio de conocernos tan a fondo. Con unos límites claros, descubrimos que realmente poseemos la capacidad de, con el tiempo, diferenciar a las personas dignas de confianza de las que no lo son. Esta perspectiva subraya la importancia de dejar que una relación evolucione de forma natural y según sus propios términos. Podemos estar seguros de que, en su momento, descubriremos si tal relación nos conviene o no. El objetivo de unas relaciones sanas es generar un afecto incondicional mutuo, incluso cuando cometemos errores.

TEN PRESENTES TUS DESEOS Y NECESIDADES

En la codependencia es habitual conectar con los demás desde un falso punto donde reprimimos nuestros propios deseos y necesidades. Esta pasividad deriva con frecuencia en resentimiento, porque nos engañamos a nosotros mismos al pensar: «Nunca te diré lo que realmente deseo porque no me puedo arriesgar a que me lo niegues. Así que tomaré lo que me des, pero me quedará el resentimiento por no haberme dado lo que realmente quiero». Exponer nuestras necesidades a alguien y arriesgarnos a que nos desengañe exige aceptar que somos vulnerables, pero este es el camino que lleva a la recuperación.

PRACTICA LA ACEPTACIÓN

Al establecer y mantener la intimidad, es importante seguir con la práctica del desapego. Las relaciones tienen una vida propia que no puede seguir determinadas orientaciones personales o culturales sobre cómo deben progresar. Podemos tener una relación profundamente íntima en la que los dos implicados seamos mutuamente importantes, pero esto no significa que en la vida cotidiana siempre podamos darnos mutua prioridad de forma perfecta.

Por ejemplo, es posible que un determinado día Sarah necesite parte del tiempo de Patrick, pero si este tiene mucho trabajo y plazos que debe cumplir, puede dedicarle menos tiempo a ella. Esto no significa que no puedan tener una relación más íntima, pero tal vez esa semana no sea lo prioritario. La intimidad, en su estado más gratificante, implica una aceptación y un amor mutuos incondicionales. Lo contrario de este estado de cariño incondicional es querer cambiar a alguien para que haga lo que esperamos de él o ella. Mientras establecemos unas relaciones íntimas interdependientes, debemos recordar que no tenemos derecho a cambiar a los demás. En una relación íntima, podemos influirnos uno al otro, pero no tenemos derecho a interferir en la libre voluntad de alguien.

La recuperación exige avanzar con decisión y la voluntad de madurar, y para ver y aceptar a quienes queremos tal como son y no nuestras propias proyecciones de quiénes queremos que sean, se requiere mucha madurez. Sin embargo, esta disposición a practicar la aceptación nos llevará a unas relaciones más gratificantes de lo que puedas imaginar. Cuando dejas de dedicar el tiempo a pensar obsesivamente en cómo cambiar a alguien, te invade una sensación de paz y sosiego. Ahora puedes centrarte simplemente en disfrutar el uno del otro.

SÉ TÚ MISMO

Falsear nuestro modo de ser hace imposible la intimidad que más ansiamos. Debemos convertirnos en la persona en todo su ser que se ocupa interiormente en conocer y valorar nuestro yo auténtico para gozar de una profunda intimidad. En lugar de ocultarnos con máscaras y modificar nuestra personalidad en función del público ante el que estemos, aprendemos a ser flexibles en la auténtica exposición de nuestra identidad. Esto significa que en tus interacciones siempre eres completamente tú mismo, pero con unos sanos límites, te das cuenta de que no todo el mundo necesita conocer la misma cantidad de información ni va a vivir el mismo nivel de intimidad contigo.

Por ejemplo, en la recuperación de Sarah, siempre es ella misma, pero se muestra un tanto distinta con sus hijos, su marido y su mejor amiga. Los hijos pueden ver en ella la parte que se ocupa de su crianza; su marido, su lado más apasionado, y su mejor amiga, el aspecto lúdico. Sarah siempre es ella misma en estas interacciones pero, con unos límites saludables, expone distintos aspectos de su personalidad. El objetivo es ser quien eres de verdad, sin disimulo, pero con unos límites sanos. Cuando así lo hacemos, podemos acumular mayor conexión –y diversión– de la que nunca hubiéramos imaginado mientras vivíamos en la codependencia.

Por último, quiero señalar que la intimidad es muchísimo más que el sexo; sin embargo, algunas personas pueden cortar los lazos que unen a una y el otro. En realidad, algunos podemos entregarnos al sexo sin sentimiento de intimidad, mientras que otros necesitan este sentimiento para disfrutar de las relaciones sexuales. Romper los vínculos con lo que, al margen de los mensajes culturales, consideramos auténtico nunca es un logro. La intimidad exige un permanente examen por nuestra parte sobre qué es lo que valoramos y cuáles son nuestros límites.

EJERCICIO: Desarrollar la intimidad

Por mucho tiempo que haga que conocemos a alguien, es posible profundizar en nuestra conexión mediante el compromiso y la comunicación. Este proceso requiere el conocimiento propio para saber lo que buscamos en la relación, así como la disposición y la valentía de ser vulnerable. Antes de tener estas conversaciones, queremos determinar lo que ansiamos para después aportárselo al otro. Para ilustrarlo, consideremos la siguiente conversación entre Sarah y Patrick:

SARAH: Patrick, quisiera comentarte una cosa. *[Se lo dice sentada a su lado y tomándole la mano, porque sabe que, aunque él nunca se lo ha dicho, Patrick suele estar más relajado si existe contacto físico entre los dos].*

PATRICK: ¿De qué se trata? *[Respira profundamente, sin estar seguro de que vaya a quejarse de algo].*

SARAH: Como sabes, Peter se gradúa este año, y yo tenía la esperanza de que podríamos dedicar este tiempo a conocernos de nuevo.

PATRICK: ¿Qué quieres decir con «conocernos de nuevo»?

SARAH: *[Inspira profundamente sabedora de que en cualquier momento puede aparecer el recelo].* Evidentemente ya nos conocemos, pero echo en falta cómo nos hablábamos cuando nos tomábamos un café o dábamos un paseo. Ya sabes, como lo hacíamos cuando los chicos eran pequeños.

PATRICK: *[El hecho de que Sarah esté relajada facilita que también lo esté él].* Hace mucho que no pienso en aquellos tiempos, pero fueron realmente muy bonitos. Aunque sigo sin saber a qué te refieres cuando dices «conocernos de nuevo». ¿Me pides que pasemos más tiempo juntos?

SARAH: *[Respira profundamente y sabe que es normal que en estos momentos él no comprenda del todo su punto de vista].* Sí, exactamente. ¿Nos podemos reservar tiempo exclusivamente para nosotros?

PATRICK: Claro que sí, realmente disfrutaba mucho de aquellos recesos. ¿Qué tal si quedamos para comer el jueves?

SARAH: Me parece fantástico.

Alejarse de la prestación de cuidados

En la interdependencia, seguimos valorando de modo absoluto nuestras relaciones, pero el objetivo es preocuparse por los demás, no cargar con ellos. Cuando intentamos resolver los problemas de otras personas o hacer por ellas lo que deben saber hacer por sí mismas, las llevamos a cuestas. Además, cuando consideramos que sus vidas son un problema que hay que resolver, automáticamente nos situamos en un nivel superior al suyo. En una relación sana, en cambio, se juntan dos personas iguales que se respetan mutuamente. Podemos ayudar a una determinada persona, pero no la privamos de la capacidad de autorrealizarse haciendo lo que ella sola debe hacer. En mi caso, cuando veía que mi amigo o mi pareja tenían problemas, pensaba que yo se los podía resolver, sin tener que correr el riesgo de exponer mi intimidad. Cuando desempeñamos el papel de cuidador, nos podemos esconder disfrazados de técnicos en lugar de ser un individuo auténtico y pleno. A quien recibe los cuidados no se le proporciona el espacio que necesita para que sea quien realmente es, porque ve en nosotros al solucionador de problemas, y no hay motivo para que asuma la difícil tarea de resolver los suyos propios. Y, lo más importante, cuando desempeñamos este papel, nos privamos también de un sentimiento de plenitud.

Observamos en esta escena, además del lenguaje no acusatorio de Sarah, su lenguaje corporal. Todo esto contribuye a que Patrick se relaje y muestre mayor interés por lo que están hablando. En cualquier conversación podemos prever perfectamente cómo reaccionará la otra persona, pero te invito a que recuerdes que esta persona es alguien con quien ya tienes establecida una relación –o la estás alimentando– de modo que, casi con toda seguridad, sabe que tienes tu valor.

Aprender a soltar

En la codependencia puede parecer que las relaciones sanas son escurridizas, pero para crear una intimidad antes es necesario garantizar la seguridad emocional. La vulnerabilidad es esencial en las relaciones íntimas, pero no hay que ser vulnerable cuando no nos sentimos seguros. Cuando en una relación existen malos tratos, una permanente falta de respeto a nuestros límites o necesidades, mentiras u otros comportamientos que provocan un dolor permanente, lo más saludable que podemos hacer es alejarnos, y no intentar salvar la relación. En nuestra codependencia, podemos creer que hemos invertido mucho tiempo, mucha energía y muchas preocupaciones, así que es solo cuestión de tiempo que la otra persona despierte y se dé cuenta de lo que valemos, pero, lamentablemente, no siempre ocurre así. En nuestra recuperación para alcanzar la interdependencia, celebramos y enaltecemos que la intimidad sea fundamental para una vida dichosa y significativa. Sin embargo, también enaltecemos nuestros límites y nuestro auténtico yo, y cultivamos las relaciones que sean mutuamente sanas e íntimas.

PARA NUESTRO MUTUO BENEFICIO

Una relación sana beneficia a las dos partes. El dar y el recibir están equilibrados. Evidentemente, en una relación sana no contabilizamos puntos y las cosas no siempre son perfectamente iguales. En una relación sana, somos generosos y entregamos un amor incondicional confiando en que la otra persona, que tanto se preocupa por nosotros, también querrá ofrecernos lo mismo. Al mismo tiempo, es una relación que comprendemos que tiene sus altibajos, de modo que unas veces podemos dar más o recibir más, según sean las circunstancias de la vida. Si tu cónyuge acaba de perder a su padre o su madre, es posible que durante cierto tiempo tú seas para él o ella algo más que un apoyo emocional, y otras veces, quizá cuando estés enfermo, es posible que tu cónyuge sea quien más tire del carro. No nos anotamos por ello punto alguno, pero sabemos cuándo una relación está intrínsecamente desequilibrada; nos sentimos agotados, resentidos, explotados o invisibles. Es importante identificar estas señales y hablar de ellas. Si la otra persona sigue sin estar dispuesta a mantener una relación equilibrada, es muy probable que esta relación no sea buena para tu salud.

NO FUERCES LA SITUACIÓN

Se nos dice a menudo, sobre todo cuando empezamos a salir con alguien, que hay consejos y trucos para conseguir que ese alguien se comprometa. Sin embargo, en realidad, solo hay algunas personas que poseen a la vez la disposición y las habilidades para tener una relación íntima, y hay otras que no las tienen. El segundo grupo no es el reflejo de lo que tú vales. Estas personas suelen tener un estilo de apego evitativo, que se calcula que es el de, más o menos, el veinticinco por ciento de la población. Aquellos con este estilo de apego evitativo consideran que las relaciones son un fastidio y se muestran resentidos o celosos con su pareja. Son personas muy críticas y a las que es muy difícil llegar a conocer. Además, pueden repetir un ciclo en el que inicialmente quieren una relación íntima pero luego perciben al otro como una carga, así que cortan la relación e incluso dejan de hablar con él. Pueden repetir este ciclo con personas distintas o con la misma.

Es evidente que alguien con este estilo de apego evitativo puede esforzarse en conseguir un apego seguro, pero es un proceso que debe hacer él solo y, debido a la propia naturaleza del apego evitativo, no es probable que se sienta motivado para llevar a cabo este trabajo durante mucho tiempo. Conviene que lo repita: hay personas que tienen tanto el deseo de mantener unas relaciones sanas, comprometidas e íntimas como las destrezas para conseguirlo, y hay otras que no tienen lo uno ni lo otro. Es increíblemente ineficaz y doloroso pensar que tenemos la capacidad de curar al segundo grupo. Es mejor que inviertas tu valioso tiempo y toda tu energía en alguien que también desee tener una relación.

MANTÉN TU FUERZA

Cortar una relación insana puede asustar, pero a lo largo de tu vida has demostrado repetidamente tu fortaleza. Eres resiliente. Has sobrevivido con mucho esfuerzo para llegar a este punto y has empezado a recuperarte: algo digno de ser celebrado. Una de las habilidades más dolorosas, pero de mayor fuerza, es aprender a dejarlo estar cuando es necesario. A veces tenemos que confiar en nosotros mismos para salir adelante y aprender a gestionar el saludable espacio de nuestra vida cuando dejamos una relación. También es importante seguir cultivando las otras relaciones sanas. Una verdad que he descubierto acerca del dolor es esta: el dolor de dejar una relación tóxica acaba por remitir; en cambio, el de mantener esa relación nos sigue atormentando mientras continuemos en ella.

«Cuando ya han dejado de servir el amor, has de aprender a levantarte de la mesa». —Nina Simone

EJERCICIO: El aprecio y la gratitud

Es posible que hayas descubierto que algunas de las relaciones de tu vida son insostenibles, y que sintieras un gran dolor cuando te diste cuenta de ello, pero es de esperar que veas que algunas de las relaciones tienen el potencial de ser íntimas o ya lo son. Para estas relaciones ya existentes, un obstáculo habitual para profundizar en la intimidad es el resentimiento y el rencor. Para empezar a contrarrestar el efecto negativo del resentimiento, es importante recurrir al aprecio y la gratitud por esas sanas relaciones de nuestra vida

Para este ejercicio, piensa en todas las personas de tu vida con quienes tienes una relación significativa o pueden propiciar una mayor intimidad. Observa y anota lo que aprecias de ellas; señala al menos tres cosas. En el caso de Sarah, pese a su deseo de mayor intimidad, aprecia que Patrick sea una persona tranquila, que se preocupe por dar a su familia todo lo que necesite y que sea inteligente.

Cuando nos centramos en lo que apreciamos de alguien, podemos correr el peligro de decirle que lo apreciamos más de lo que realmente lo hacemos. Pero es una actitud que cambia radicalmente la fuerza de la relación. Las personas se dan cuenta de cuándo se las aprecia o se las critica, y es propio de la naturaleza humana alejarse de lo segundo y aferrarse a lo primero.

DEMOS UN PASO MÁS

En este paso hemos hablado del valor de la intimidad y de cómo, durante la recuperación, puede llevar a una vida satisfactoria y placentera. Sin embargo, este proceso puede activar el miedo al abandono o a un cariño exagerado; exige el compromiso de apoyarse en la vulnerabilidad sin por ello dejar de ser auténtico y mantener unos límites saludables. En nuestras relaciones íntimas es donde podemos experimentar la prueba más sólida –y las mejores recompensas– de la recuperación de la codependencia, ya que nos obligan a autoprotegernos a la vez que aceptar plenamente a los demás.

Mientras avanzas hacia el cultivo de unas relaciones más sanas, íntimas e interdependientes en tu vida, por favor, piensa en lo siguiente:

1. Aunque a menudo se la equipara con las relaciones románticas o sexuales, la intimidad también incluye la cercanía y la amistad. Estas cualidades se pueden cultivar en numerosas relaciones. Llegado a este punto, continúa centrándote en las relaciones que ya tienes y te aportan alegría a la vida. Considera cómo puedes interactuar más a menudo con estas personas, aunque sea en cosas de poca importancia. Además, piensa en con qué frecuencia sientes que te tocan de modo cariñoso y sano en un determinado día, y en cómo puedes conseguir o proporcionar mayor

contacto físico, de manera que contribuya a una mayor alegría y a gestionar el estrés.

2. Una intimidad sana exige que te comprometas a ser quien realmente eres y a apoyarte en la vulnerabilidad. En la codependencia, nos ocultamos detrás de máscaras y muros, incluidos los muros del cuidado y los del resentimiento. Al principio, asusta decir con firmeza lo que realmente piensas y estar dispuesto no solo a exponer quién eres, sino también a abrir el corazón y la mente para acoger las ideas y los sentimientos de la otra persona. Podemos apoyarnos en la vulnerabilidad conscientemente. Podemos aprender a notar las sensaciones –como cuando apretamos las mandíbulas o sentimos la tensión en el estómago– que demuestran que resistimos la vulnerabilidad. Practica la observación de estas sensaciones, y cuando estés con personas con las que te sientas cómodo, comparte con ellas tus ideas y sentimientos en ese momento. Con la práctica, apoyarte en la vulnerabilidad te será más fácil. No intentes eliminar el miedo a la vulnerabilidad: el miedo es un sentimiento humano habitual y fundamental. Esfuérzate en aprender a gestionar mejor el miedo y no permitas que afecte a tus relaciones.

3. Es posible que tengas la fastidiosa sensación de que una o más de las relaciones de tu vida son incurables. Al fin y al cabo, si la otra persona no está dispuesta a respetar tus necesidades y tus límites, es imposible

mantener una sana relación íntima. Si así te ocurre, sé amable. En este momento, sobre cualquier relación que consideres que pueda terminar, escribe una de esas anticuadas listas de los pros y los contras. Por ejemplo, ¿cuáles son las ventajas y los inconvenientes de seguir con la relación y cuáles los de abandonarla? Observa qué te revela este ejercicio. Como dice un viejo aforismo atribuido al filósofo de la antigüedad Lao Tzu: «Los nuevos comienzos a menudo van disfrazados de dolorosos finales».

4. La intimidad nos exige estar protegidos y que se respete nuestro auténtico yo, lo cual nos obliga a hacer lo mismo con la otra persona. Parte de tu recuperación implica aprender a ser vulnerable y auténtico al tiempo que practicas el desapego para aceptar plenamente al otro. Considera estas palabras del teólogo Thomas Monk: «El inicio de este amor es la voluntad de dejar que aquellos a quienes queremos sean ellos mismos de verdad... Si al amarlos no amamos lo que son, sino la probabilidad de que nos quieran, entonces es que no los queremos: solo amamos lo que de nosotros mismos vemos reflejado en ellos». Dedica un buen rato a escribir tus reflexiones o sentimientos sobre estas palabras y sobre los miedos por lo que pueda ocurrir si aceptas a quienes quieres tal como son. Por último, escribe lo que pienses sobre los posibles beneficios de convertir en una costumbre la decisión de aceptarlos.

Conclusión

Sigue el camino

¡Felicidades por trabajar con este libro! Has comenzado con valentía a vivir una vida interdependiente. Espero que hayas descubierto más cosas sobre ti mismo y que te des cuenta de que, por el hecho de ser tú mismo, realmente llenas este mundo de regalos de un valor incalculable. El mundo te necesita en toda tu auténtica magnificencia. Además, imagino que empiezas a percibir cierto alivio por el hecho de establecer unos límites y comunicarte con firmeza en tu vida. Espero que también te sientas más conectado contigo mismo y con los demás.

Los pasos: moralejas importantes

Recuperarse de la codependencia es completamente posible si cumples de forma coherente lo que te imponen los pasos de la recuperación. Al practicar estos pasos observamos que ya no estamos atascados. Estamos completamente despiertos y somos conscientes en nuestra vida, sin esperar ya la aprobación exterior ni la prueba de nuestro valor y nuestro derecho a una vida satisfactoria y conectada. Es importante señalar que ningún paso es más signifi cativo que otro, ya que la recuperación se basa en la práctica de integrar todos los pasos de forma que estas saludables actividades y conductas pasen a ser algo natural en nuestra vida. Sin embargo, si a veces te sientes abrumado por los pasos de la recuperación, te animo a que te mantengas concentrado todos los días ante todo en el cuidado de ti mismo, ya que tal práctica nos permite conservar la fuerza de los límites que hemos marcado, comunicarnos con firmeza y tolerar la vulnerabilidad.

PASO 1: PONTE EN CONTACTO CON TU PROPIO YO

En la recuperación queremos aprender a ser un árbol firmemente arraigado, de modo que nos mantengamos en pie sea lo que sea lo que la vida nos depare. Para seguir en pie debemos tener claro quiénes somos y lo que más valoramos de la vida. En consecuencia, cuando la vida nos angustie, seguiremos siendo capaces de mantenernos erguidos sobre nuestros pies. Cuando reconectamos con nuestro auténtico yo y lo celebramos, avanzamos hacia esta sensación de estar arraigados. Cuanto mejor conocemos quiénes somos realmente, más sabemos lo que necesitamos de nosotros mismos —el autocuidado— y de los demás en lo que se refiere a los límites, la comunicación y la intimidad.

A veces, podemos notar una sensación de autodesconexión que nos hace retroceder, pero no se trata de ningún fracaso. Al contrario, es una invitación a practicar el *mindfulness*, la plena conciencia, el acto de adentrarnos en nuestro interior mediante la respiración profunda, el yoga, la meditación o el diario personal. Estos actos sosegados y contemplativos nos permiten oír de nuevo a nuestro verdadero yo.

El autodescubrimiento es un proceso incesante que abarca toda la vida. Nunca terminamos de conocernos a nosotros mismos, como nunca llegamos a conocer del todo a otra persona. Eres dinámico e increíblemente polifacético. Creo que seguir con el trabajo de conocernos a nosotros mismos no solo es personalmente gratificante, sino también un regalo increíble que le hacemos al mundo. En nuestra autoconciencia podemos vivir con integridad, y lo que integridad realmente significa es plenitud. Cuando nos sentimos plenos podemos dar a los demás lo que guardamos en un lugar verdaderamente generoso. Esta sensación de generosidad tiene un efecto curativo en nuestras familias, amigos y comunidades.

Por último, la autoconciencia sigue profundizando y transformando nuestras relaciones porque continuamos recordándonos que la única persona a la que podemos cambiar es nuestro propio yo. Esta disposición a cambiar puede alterar radicalmente las dinámicas insanas.

PASO 2: DA PRIORIDAD A CUIDAR DE TI MISMO

La atención diaria a cuidar de uno mismo tiene un valor increíble en la recuperación, porque es una costumbre que nos permite alimentar y fortalecer las raíces de nuestro árbol metafórico. Las prácticas sanas de autocuidado nos nutren para que podamos llevar a cabo el trabajo necesario para vivir de manera independiente. No existe, claro está, una forma perfecta de cuidar de nosotros mismos, y es muy normal volver a estrategias de afrontamiento insanas, como las de beber o comer en exceso. No es un fracaso, sino un recordatorio para que observes dónde puedes estar abandonándote. Muchas veces, el autoabandono es consecuencia de restar prioridad a cómo cuidamos de nuestra salud mental y física: las cosas de las que disfrutamos y que nos alimentan de verdad.

Observar cómo nutrimos —o abandonamos— nuestra salud física y mental y nos comprometemos de nuevo según sea necesario con las actividades que hacen que nos sintamos apoyados es un proceso continuo. También es importante recordar que el autocuidado no es un lujo: es el orden natural de la vida. Nuestro cuerpo está diseñado para estar activo pero también ha de descansar, y nuestra mente necesita tiempo para resolver problemas pero también para jugar y ser creativa.

PASO 3: ESTABLECE LÍMITES

La piedra angular de la recuperación de la codependencia es la voluntad de fijar unos límites. Sin ellos, seguiremos sintiéndonos resentidos y abrumados en la vida debido a nuestra propia decisión de no autoprotegernos. Es un comportamiento que refleja mucha codependencia; por consiguiente, comprometerte a ser tu propio abogado es fundamental para llegar a ser interdependiente. Es importante seguir plenamente consciente de lo que te parece bueno de tu vida y tus relaciones, y de aquello que te hace pensar que alguien se aprovecha de ti o invade tu intimidad. Lo segundo te señalará los límites que necesitas establecer para asegurar tu propia protección.

Es evidente que, incluso cuando somos conscientes, no siempre estamos dispuestos a fijar de inmediato unos límites. Y es normal que así sea. Trazar estos límites puede requerir tiempo, porque es un proceso que puede asustar. Pero cabe esperar que, con el tiempo, hayas cultivado unas relaciones más sanas en las que fijar esos límites sea algo más natural, aunque llegar a este punto puede requerir su tiempo. No podemos fijar nuestros límites de forma perfecta, y los límites sanos son flexibles por su propia naturaleza, para que con el paso del tiempo o dependiendo de las relaciones puedan cambiar de verdad. Lo importante al establecer unos límites es activarlos cuando estés preparado para ello y, una vez que lo hagas, determinar con coherencia y claridad las consecuencias para quienes no los respeten.

Es importante recordar que fijar unos límites no es un acto de egoísmo; al contrario, es una forma de autoprotegerse. La interdependencia está en el cuidado equilibrado de uno mismo y de los demás, y sin unos límites, nos quedamos atrapados en la codependencia. Fijar unos límites no es un acto de amor exclusivamente a nosotros mismos, sino también a los demás, porque les muestra cómo mantener con nosotros una relación sana, sin amargura ni resentimiento. Por último, puedes seguir encontrándote con gente que no respete los límites que hayas fijado. No es un fracaso tuyo ni nada que refleje el valor que puedas tener. Ocurre simplemente que algunas personas son incapaces de respetar a los demás o no están dispuestas a hacerlo, circunstancia que debes tener en cuenta.

PASO 4: MANTÉN UNA COMUNICACIÓN ABIERTA

En la codependencia es muy habitual comunicarse de forma indirecta o con ansias de controlar. Tenemos mucha práctica en comunicarnos sin efecto alguno, por lo que aprender a practicar las destrezas de la comunicación exige tiempo y paciencia. Trabajamos para avanzar, y no para alcanzar la perfección; para crear los tipos de interacciones que se ayudan mutuamente.

A medida que nos recuperamos, queremos comunicarnos con firmeza más a menudo. Cuando así lo hacemos, decimos sincera y amablemente lo que pensamos, sentimos y necesitamos compartir con los demás. Al mismo tiempo, equilibramos tal actitud reconociendo que todas las personas con quienes interactuamos tienen derecho a defender un punto de vista completamente distinto;

esta es la base de la interdependencia. Intentamos enfocar nuestras relaciones desde la perspectiva de que somos miembros de un equipo, de manera que nuestras interacciones se centran en apoyarnos unos a los otros y no en intentar «ganar». La negociación es un elemento común en las interacciones sanas.

La comunicación efectiva cuenta con la ayuda de la autoconciencia, el cuidado de uno mismo y unos límites sanos, de modo que podamos saber qué necesitamos, manifestarlo de forma equilibrada y, en caso de sentirnos desengañados, ocuparnos de nosotros mismos y evitar posiciones críticas y severas. Por tanto, para que lo que digamos tenga efecto hemos de mantener el foco en los tres primeros pasos para poder comunicarnos con mayor decisión en el momento preciso. Gracias al cuidado propio y los límites también podemos tomarnos los descansos que precisemos, por lo que es importante recordar que si adoptamos actitudes excesivamente emocionales (si el sistema nervioso irrumpe en nuestro ánimo), necesitamos tiempo para serenarnos (activar el sistema nervioso parasimpático) y así poder comunicarnos.

PASO 5: ALIMENTA TU INTIMIDAD

Los seres humanos estamos diseñados para intentar relacionarnos con los demás, ya que de ello depende nuestra supervivencia. El deseo de unas relaciones íntimas nada tiene que ver con la codependencia; al contrario, es fundamental para una vida interdependiente saludable y gozosa. Además, hoy sabemos que una de las cosas más importantes que podemos hacer para nuestra salud personal es alimentar nuestras relaciones. Los estudios revelan que la conexión social puede ser tan importante —si no más— para nuestra salud como una dieta sana y el ejercicio físico.

En el proceso de recuperación, recordamos que nuestra cultura puede dar más importancia a unas relaciones que a otras —por ejemplo, la idea de que el marido o la esposa son más importantes que un amigo—, una idea, sin embargo, falsa desde una perspectiva fisiológica. Se ha descubierto que las personas casadas corren graves riesgos de salud si en su matrimonio no existe la conexión. Todos los tipos de relaciones tienen el potencial de nutrir, y aprender a concentrarse en la totalidad de nuestras relaciones, incluidas las que mantenemos con la familia, los amigos, los colegas e incluso las personas de nuestra comunidad con las que interactuamos —por ejemplo, el camarero de la cafetería que frecuentamos— reporta beneficios para nuestra salud. Estamos diseñados para sentir que pertenecemos a una comunidad con la que interactuamos, y aprender a fijarnos en los demás y mostrarnos dispuestos y agradecidos en nuestras interacciones tiene un efecto transformador. Un simple «hola» dirigido a un vecino con el que nos cruzamos por la calle puede cambiarnos el estado de ánimo en sentido positivo.

La interdependencia resalta la necesidad de que nuestras relaciones sean equilibradas. El equilibrio exige dar y recibir y el cuidado mutuo de uno al otro. Cuando tenemos apegos seguros, nos sentimos más tranquilos en la vida. Pero, cuando te recuperas, es importante recordar que no puedes forzar que cualquier relación en que te puedas encontrar sea sana. A veces, el mejor regalo que nos podemos hacer al crear una intimidad más sana en nuestra vida es aprender a alejarnos de las relaciones dañinas. Para afrontar mejor estas pérdidas cuando se producen, es importante seguir buscando el apoyo de quienes están presentes en nuestra vida. Pasar de la codependencia a la interdependencia nos permite reconocer que confiar en los demás no significa ser egoísta ni una carga para ellos y, de hecho, las personas sanas desean ayudarnos. Por último, aprender a apreciar que contamos con ayuda y unas relaciones sanas es importante. Observar que hay personas en nuestra vida que merecen nuestra gratitud puede despertar sentimientos de vulnerabilidad, pero siempre que nos enfrentemos a esta, el camino para curarse es apoyarse en ella para disfrutar de lo que tenemos.

Gestiona tu tiempo

La recuperación no es un destino final. Es una decisión permanente y el compromiso constante con el estilo de vida que quieras adoptar. Hemos de recordar el programa de las pequeñas cosas que nos ayudan en nuestra interdependencia, como el ejercicio físico, una comida sana, llamar por Skype a los parientes y leer. En la codependencia

Mantente firme

El cambio es un proceso lento. No nos podemos recuperar perfectamente. Pensar que tenemos que demostrar algo en este sentido significaría que nos queda mucho por hacer sobre nuestros sistemas de ideas negativas. También es importante recordar que los errores forman parte del cambio. Así es como aprendemos y obtenemos más información. Nuestros pasos en falso cuando intentamos aplicar nuestras habilidades –por ejemplo, cuando nos comunicamos sin eficacia alguna– hacen que nuestra resolución de problemas siga mejorando. Recuerda: se trata de progresar, no de ser perfectos. Además, lo que sé sobre el cambio es que este proceso inicia un movimiento, y después, de repente, parece como si todo se colocara en su sitio en múltiples áreas de tu vida. Las semillas que sembraste y de las que te ocupaste con cariño y paciencia súbitamente brotan, una recompensa que bien merece esa paciencia.

Asimismo, hemos de recordar que también debemos ser pacientes con los demás. Los cambios que nosotros hagamos influyen en ellos, quiéranlo o no. Nuestro cambio significa que han de aprender nuevas formas de interactuar con nosotros. Muchos estarán dispuestos a realizar este trabajo para que la relación sea más sana, pero es posible que al principio se resistan a cambiar o no tengan las necesarias destrezas para hacerlo. Incluso en el caso de que las personas más allegadas también cambien, lo más probable es que no sigan exactamente el mismo proceso que nosotros seguimos. Y así debe ser; cada persona tiene derecho a su propia realidad y a cometer sus propios errores.

nos abandonamos y negamos con frecuencia. Hemos de recordar que afirmarnos no es egoísta sino algo imperativo para la recuperación. Esta se evidencia cada vez que nos mostramos de forma sana y equilibrada.

Tal vez quieras releer ahora tu «Programa de autocuidado» (página 108) y actualizarlo, porque es posible que sepas bastante más sobre lo que realmente te funciona. Quizá necesites eliminar algo que has visto que no alimenta el ánimo o añadir nuevas actividades.

La responsabilidad es tuya

Al principio de la recuperación, algunas personas dicen que tienen miedo de retroceder a donde estaban en los peores momentos de su codependencia. No es posible que así suceda. Tu trabajo de recuperación te ha cambiado profundamente. Puedes confiar en tu cambio. Como, según parece, dijo el filósofo griego Heráclito: «Nadie puede cruzar el mismo río dos veces, porque ya no es el mismo río ni es la misma persona». La vida te pondrá en situaciones que pueden hacerte daño pero, cuando te recuperas, interpretas estas nuevas situaciones de forma distinta y reaccionas con mayor habilidad. Te recomiendo que consideres los cambios que ya has empezado a introducir en tu vida y que hace un año parecían imposibles. Ya has iniciado este difícil trabajo.

Vives en un mundo en el que a veces se espera que permanezcamos inmóviles para que los demás puedan sentirse cómodos. Así puede ocurrir a pequeña escala, por ejemplo con nuestra familia, o a mayor escala, cuando se trata de problemas relacionados con el poder y el privilegio, como en el caso del racismo o el sexismo. Nos damos cuenta de esta realidad cuando vemos cómo quienes dicen la verdad en nuestra familia o en nuestra sociedad son objeto de escarnio y se los convierte en cabeza de turco.

Cuando me recuperé y supe aprovechar mis propias fuerzas, volvía a menudo a estas palabras de Madeleine Albright en busca de ayuda: «Me costó bastante tiempo tener mi propia voz y, ahora que la tengo, no voy a quedarme callada». Exigir nuestro poder en este mundo es algo revolucionario. La vida que creas depende de ti. Nunca estás bloqueado: tal vez necesites evaluar de nuevo a qué dedicas el tiempo y cuáles son tus prioridades, pero *siempre* tienes opciones.

Creo profundamente en tu poder de recuperación y, espero, más que nada, que tengas mayor confianza en ti cuando practiques estos pasos. ¡Puedes hacerlo!

Recursos

Los siguientes libros, webs y grupos de apoyo pueden ser útiles recursos en tu trabajo de recuperación.

SITIOS WEB

Mi web personal, Dantia Wellness: www.dantiawellness.com. Artículos sobre cómo mejorar las relaciones, fijar límites y recuperar un sano sentido de identidad, incluida una imagen positiva de tu cuerpo.

Codependientes Anónimos: http://coda.org. Información sobre la comunidad de los doce pasos dirigida a personas codependientes. Te ayudará a encontrar un determinado grupo, una reunión y otras muchas cosas.

Adictos al Sexo y el Amor Anónimos: https://slaafws.org. La comunidad de los doce pasos para «cualquiera que padezca un impulso adictivo hacia o contra el sexo, el amor o el apego emocional».

Mindful (consciente): www.mindful.org. Artículos y pódcast sobre los beneficios del *mindfulness* (conciencia plena) y la meditación, además de ejercicios para practicarlos.

Tara Brach: www.tarabrach.com. Meditaciones y talleres gratuitos para ampliar la formación.

Self-compassion.org. Verifica el grado actual de la compasión hacia ti mismo o hacia ti misma, descubre los beneficios de esta y accede a ejercicios para llevarla a un nivel superior.

LIBROS

La codependencia: qué es, de dónde procede, cómo sabotea nuestras vidas: aprende a hacerle frente, de Pia Mellody.

Libérate de la codependencia, de Melody Beattie.

Trauma and Recovery: The Aftermath of Violence —from Domestic Abuse to Political Terror, de Judith Herman.

Curar el trauma: Descubre tu capacidad innata para superar experiencias negativa, de Peter A. Levine, con Ann Frederick.

El poder del ahora, de Eckhart Tolle.

Los dones de la imperfección. Líbrate de quien crees que deberías ser y abraza a quien realmente eres, de Brené Brown.

El poder de ser vulnerable, de Brené Brown.

Maneras de amar: La nueva ciencia del apego adulto y cómo puede ayudarte a encontrar el amor y conservarlo, de Amir Levine y Rachel S. F. Heller.

La adicción al amor: cómo cambiar su forma de amar para dejar de sufrir, de Pia Mellody, con Andrea Wells Miller y J. Keith Miller.

The New Codependency: Help and Guidance for Today's Generation, de Melody Beattie.

The Dialectical Behavior Therapy Skills Workbook: Practical DBT Exercises for Learning Mindfulness, Interpersonal Effectiveness, Emotion Regulation, and Distress Tolerance, de Matthew McKay, Jeffrey C. Wood y Jeffrey Brantley.

TELÉFONOS DE AYUDA (ESTADOS UNIDOS)

National Suicide Prevention Lifeline (Teléfono Nacional para la Prevención del Suicidio): 1-800-273-8255 o TTY 1-800-799-4889. https://suicidepreventionlifeline.org.

National Alliance on Mental Illness Helpline (Teléfono de Ayuda de la Alianza Nacional para problemas de Enfermedad Mental): 1-800-950-6264. www.nami.org.

National Domestic Violence Hotline (Teléfono Nacional para Problemas de Violencia Doméstica): 1-800-799-7233 o TTY 1-800-787-3224. www.thehotline.org.

Rape, Abuse, and Incest National Network Hotline (Red Telefónica Nacional para Problemas de Violación, Maltrato e Incesto): 1-800-656-4673. www.rainn.org.

Bibliografía

American Psychological Association. «Social Isolation, Loneliness Could Be Greater Threat to Public Health Than Obesity». *ScienceDaily*. 5 de agosto de 2017. http://www.sciencedaily.com/releases/2017/08/170805165319.htm.

Beattie, Melody. *Libérate de la codependencia*, Málaga: Editorial Sirio, 2013.

_____*The New Codependency: Help and Guidance for Today's Generation*. Nueva York: Simon & Schuster, 2009.

Berman, Robby. «Your Brain Interprets Prolonged Loneliness as Physical Pain—Why?». *Big Think*. 6 de enero de 2017. https://bigthink.com/robby-berman/the-powerful-medical-impact-of-loneliness.

Brown, Brené. *El poder de ser vulnerable*. Barcelona: Editorial Urano, 2016.

Coelho, Paulo. *El alquimista*. Barcelona: Editorial Planeta, 2018.

Chopra, Deepak. *El camino hacia el amor*. Barcelona: Ediciones B, 2008.

Davis, Daphne M. y Jeffrey A. Hayes. «What Are the Benefits of Mindfulness? A Practice Review of Psychotherapy-Related Research». *Psychotherapy* 48, n.º 2 (junio de 2011): págs. 198-208. https://www.ncbi.nlm.nih.gov/pubmed/21639664.

Elsevier. «Loving Touch Critical for Premature Infants». *Science-Daily*. 6 de enero de 2014. http://www.sciencedaily.com/releases/2014/01/140106094437.htm.

Freedman, Jill y Gene Combs. *Narrative Therapy: The Social Construction of Preferred Realities*. Nueva York: Norton, 1996.

Fuller, Julie A. y Rebecca Warner. «Family Stressors as Predictors of Codependency». *Genetic, Social, and General Psychology Monographs* 126, n.º 1 (febrero de 2000): págs. 5-22.

Godman, Heidi. «Regular Exercise Changes the Brain to Improve Memory, Thinking Skills». *Harvard Health Blog*. Última actualización, 5 de abril de 2018. https://www.health.harvard.edu/blog/regular-exercise-changes-brain-improve-memory-thinking-skills-201404097110.

Gottman, John M. *The Marriage Clinic: A Scientifically Based Marital Therapy*. Nueva York: Norton, 1999.

Hadhazy, Adam. «Think Twice: How the Gut's 'Second Brain' Influences Mood and Well-Being. The Emerging and Surprising View of How the Enteric Nervous System in Our Bellies Goes Far Beyond Just Processing the Food We Eat». *Scientific American*. 12 de febrero de 2010. https://www.scientificamerican.com/article/gut-second-brain.

Holt-Lunstad, Julianne, Timothy B. Smith, Mark Baker, Tyler Harris y David Stephenson. «Loneliness and Social Isolation as Risk Factors for Mortality: A Meta-analytic Review».

Perspectives on Psychological Science 10, n.º 2 (marzo de 2015): págs. 227-237. doi:10.1177/1745691614568352.

Johnson, Susan M. *La práctica de la terapia de pareja focalizada en las emociones: creando conexiones*, Bilbao: Editorial Desclée de Brouwer, 2020.

Komagata, Nobo. «Attachment and Non-attachment: Attachment Theory and Buddhism». Última modificación, 30 de noviembre de 2010, http://komagata.net/nobo/pub/Komagata09-Xtachment.pdf.

Krossa, Ethan, Marc G. Bermana, Walter Mischelb, Edward E. Smith y Tor D. Wagerd. «Social Rejection Shares Somatosensory Representations with Physical Pain». *PNAS 108*, n.º 15 (28 de marzo de 2011): págs. 6270-6275. doi:10.1073/pnas.1102693108.

Lapakko, D. «Communication Is 93% Nonverbal: An Urban Legend Proliferates», *Communication and Theater Association of Minnesota Journal* 34, n.º 34 (verano de 2007): págs. 7-19. https://cornerstone.lib.mnsu.edu/cgi/viewcontent.cgi?article=1000&context=ctamj.

Levine, Amir y Rachel S. F. Heller. *Maneras de amar: La nueva ciencia del apego adulto y cómo puede ayudarte a encontrar el amor y conservarlo*. Barcelona: Editorial Urano, 2021.

Levine, Peter A., con Ann Frederick. *Curar el trauma: Descubre tu capacidad innata para superar experiencias negativa*. México: Diana Editorial, 2022.

McAfee, Tierney. «Nancy Reagan's Romance with Ronald 'Was Probably More Important Than Their Love for Their Children', Says Friend Larry King». *People Magazine*. 9 de marzo de 2016. https://people.com/celebrity/inside-nancy-and-ronald-reagans-romance-and-its-impact-on-their-children.

McIntosh, James. «What Is Serotonin and What Does It Do?». *Medical News Today*. Última acttualización, 2 de febrero de 2018. https://www.medicalnewstoday.com/kc/serotonin-facts-232248.

Mellody, Pia, con Andrea Wells Miller y J. Keith Miller. *La codependencia: qué es, de dónde procede, cómo sabotea nuestras vidas: aprende a hacerle frente*, Barcelona: Ediciones Paidós Ibérica, 2005.

_____*La adicción al amor: cómo cambiar su forma de amar para dejar de sufrir*, Barcelona: Ediciones Obelisco, 2006.

Merton,Thomas. *No Man Is an Island*. Londres: Hollis & Carter, 1955.

Moyer, Christopher A., James Rounds y James W. Hannum. «A Meta-analysis of Massage Therapy Research». *Psychological Bulletin* 130, n.º 1 (enero de 2004): págs. 3-18. doi:10.1037/0033-2909.130.1.3.

Murray, Michael T. «You've Heard Gratitude Is Good for You. Here's What Science Says». *Mind Body Green*. Consultado el 28 de septiembre de 2018. https://www.mindbodygreen.com/0-18054/youve-heard-gratitude-is-good-for-you-heres-what-science-says.html.

Rollins, Nancy, Joseph P. Lord, Ethel Walsh y Geraldine R. Weil. «Some Roles Children Play in Their Families: Scapegoat, Baby, Pet, and Peacemaker». *Journal of the Academy of Child and Adolescent Psychiatry* 12, n.º 3 (julio de 1973): págs. 511-530. doi:10.1016/S0002-7138(09)61261-9.

Ryan, Kelly. «Five Ways Junk Food Changes Your Brain», RMIT University. 19 de septiembre de 2016. https://www.rmit.edu.au/news/all-news/2016/sep/five-ways-junk-food-changes-your-brain.

Satir, Virginia. *The New Peoplemaking*. Mountain View, CA: Science and Behavior Books, 1988.

Schnall, Marianne. «Madeline Albright: An Exclusive Interview». *Huffington Post*. 15 de junio de 2010. https://www.huffpost.com/entry/madeleine-albright-an-exc_b_604418.

Siegel, Daniel J. y Tina Payne Bryson. *El cerebro del niño: 12 estrategias revolucionarias para cultivar la mente en desarrollo de tu hijo*, Barcelona: Alba Editorial.

Simone, Nina. «You've Got to Learn», *I Put a Spell on You*. Audio. Philips, 1965.

«Timeline Stories». Al-Anon.org. Consultado el 30 de agosto de 2018. https://al-anon.org/blog/timeline/aa-wives-meet-together.

«Timeline Stories». Al-Anon.org. Consultado el 30 de agosto de 2018. https://al-anon.org/blog/timeline/letters-sent-87-groups.

Von Teese, Dita. «You can be a delicious, ripe peach...». *Post* de Twitter. 6 de septiembre de 2010. https://twitter.com/ditavonteese/status/23210190813.

Watzlawick, Paul, Janet Beavin Bavelas y Don D. Johnson. *Pragmatics of Human Communication: A Study of Interactional Patterns, Pathologies and Paradoxes*. Nueva York: Norton, 1967.

(Trad. cast.: *Teoría de la comunicación humana: interacciones, patologías y paradojas* [archivo de Internet], 2011, Herder Editorial).

Williamson, Marianne. *Volver al amor*, Barcelona: Editorial Urano, 2012.

Winfrey, Oprah. «The Powerful Lesson Maya Angelou Taught Oprah». Oprah.com. 19 de octubre de 2011. http://www. oprah.com/oprahs-lifeclass/the-powerful-lesson-maya-angelou-taught-oprah-video.

Zantamata, Doe. *Quotes about Living*. Iko Productions, 2014.

Índice temático

C

D

E

Agradecimientos

Aprender a recuperarse —llegar a ser interdependiente— requiere la ayuda de otras personas, de modo que estoy profundamente agradecida a quienes me han enseñado que, efectivamente, se puede conseguir la interdependencia.

A Amy Haller. Debo empezar por darte las gracias porque todas las experiencias saludables que he vivido empezaron contigo. Antes de conocerte a mis once años, no sabía que dos personas podían tener una relación realmente cariñosa, incondicional y de apoyo. Las relaciones, en el mejor de los casos, eran refugios seguros provisionales en los que muy pronto se amontonaba la gente. Sin embargo, tú me comprendiste e incluso cuando, en mi codependencia, me comportaba de forma extraña, permaneciste a mi lado. Más que cualquier otro ser humano, sabes la intensidad de la desesperanza y el deterioro propio a los que me llevó mi codependencia, pero nunca dejaste de creer en mí ni de recordarme mi valía. No hay palabras para expresar lo agradecida que te estoy por enseñarme que el amor y el apoyo incondicionales son posibles. El alivio que sientes por verme recuperada es aleccionador y me reafirma en el cariño que me tienes en cualquier circunstancia.

A Alexandra House. Entraste en mi vida en la madurez, cuando aún estaba convencida de que las posibilidades que te da la vida son finitas. No sabía que podría encontrar a alguien que fuera mi mejor amiga en la madurez, y tu profunda amistad ha ampliado de forma increíble la idea que tenía sobre lo que es posible en este mundo. Nuestra amistad ha hecho realidad uno de los mayores sueños de mi vida: tener nuestra propia consulta privada. La profunda intimidad que compartimos me ha enseñado también que la familia se puede expandir. Todo lo que compartimos —incluida una casa— hizo que me percatara de que la familia, en realidad, no es cuestión de lazos de sangre. Eres mi hermana. Muchísimas gracias por tu ayuda y por tus consejos, que me ayudan a ser mejor persona. Te agradezco las innumerables veces que me has ofrecido el hombro para llorar y desahogarme en momentos tristes, y las que hemos bailado para celebrar los éxitos y las alegrías de la vida.

A mi Nana. Aunque nuestra relación no perduró, siempre te estaré agradecida por el ánimo que me infundías. Alimentaste con abundancia mi amor por aprender y mi pasión por escribir. Te viste privada de muchas oportunidades, pero celebrabas con enorme satisfacción las mías, y me llevaste a incontables charlas y conferencias, a firmas de libros, a talleres de escritura, para contribuir a que mis sueños se hicieran realidad. Siempre insistías en la importancia de los estudios y la confianza en una misma. Creo profundamente que, aunque no sabías cómo romper los arraigados patrones generacionales de nuestra familia, te diste cuenta de mi potencial. Gracias por ayudarme a comprender que soy capaz de verdad de arreglármelas sola.

A mi editora, Nana K, Twumasi. Muchísimas gracias por decidir acompañarme en este viaje. Tus orientaciones me han aclarado en gran medida mi perspectiva, y gracias a esta asociación contigo he podido hacer realidad el primer sueño de mi vida: escribir un libro. Muchas gracias por tus consejos, tu visión clara y tu comprensión. Soy terapeuta para ayudar a otros a que se curen, y es sumamente alentador que este proyecto nuestro pueda ayudar a tantas personas. Gracias.

A mi princesa Kitty. Fuiste mi mejor mascota y compañera fiel durante trece años. Cuidar de ti fielmente y contemplarme a través de tus ojos hizo posible que, por fin, empezara a darme cuenta de mi valor y de que podía ser amada. Eras increíblemente especial –¡y exigente!– y si tú me querías, debía de haber dentro de mí algo que merecía la pena. Tu fallecimiento mientras escribía este libro me produjo un inmenso dolor, pero me di cuenta de que, gracias al increíble lazo que nos unía, me ayudaste a disolver las últimas reticencias sobre mi valor y mis virtudes. El hecho de quererte me dio fuerza y el de perderte hizo que me diera cuenta de ello. Te quiero muchísimo, pequeñita. Gracias.

Por último, pero no en menor grado, debo dar las gracias a mi madre, Catherine. Ambas hemos vivido de verdad la codependencia y las dos nos hemos recuperado. No hay palabras con las que expresar la intensidad de la pérdida en nuestra familia cuando nos decidimos a hacer aquello a lo que creíamos que teníamos derecho. La valentía que demostraste para aprender a ejercer de madre de una forma más sana es increíble. Tu inquebrantable propósito de curarte hizo posible que por fin estuvieras presente y empezaras a comprenderme. Ha sido un regalo inestimable que me ha permitido apreciarte y entenderte mucho mejor. Tener una relación sana y estar en contacto contigo era uno de mis sueños, un sueño, sin embargo, que durante muchos años pensé que jamás se haría realidad. Muchas gracias por tu propia curación y por el amor inquebrantable que me tienes. Me demostraste que con amor, entrega y aceptación, es posible cambiar radicalmente las relaciones y convertirlas en algo mejor de lo que una jamás pudiera imaginar. A ti va dedicado este libro, porque nuestra relación demuestra que la recuperación es posible.

La autora

Krystal Mazzola es terapeuta graduada de familia, una persona a la que siempre, desde su infancia, le han fascinado las relaciones y la posibilidad de los cambios positivos. En la universidad, Krystal descubrió The Meadows, un centro de tratamiento de renombre mundial, y se propuso trabajar allí algún día. Unos años después, alcanzó su objetivo y descubrió plenamente su pasión por ayudar a la gente, en especial —y por identificación personal—, a los codependientes. Ella misma pudo acometer su propia recuperación recibiendo la ayuda de otros. Desde esta posición de sólido convencimiento de que la recuperación es posible, actualmente Krystal ejerce como terapeuta —tanto en consultas individuales como en terapia de pareja— en el centro privado Dantia Wellness, del que es cofundadora. Krystal reside en Phoenix, Arizona.